DIC-2022

Andrea

Que encuentres respuestas para seguir
jugando este maravilloso juego de la
vida. Que nos haga recordar quienes
somos y que podamos manifestarnos
con nuestra esencia.

Te amo

Mto.

LA SALIDA ES PARA ADENTRO

Claves para vivir una manifestación de tu
vida desde el interior de tu ser

María Bezanilla

shanti
nilaya
EDITORIAL

Corrección de estilo:
Leticia Álvarez, Rocío Aceves, Ma. Eugenia Álvarez.

Diseño editorial e ilustraciones:
Daniel Corkidi.

I.S.B.N. 978-1-957973-73-9

Primera edición.

Impreso y hecho en México.

*Quiero agradecer a todos lo maestros que he tenido a lo largo de mi vida,
que me han acompañado en este camino del autoconocimiento consciente.*

*A mi familia, en general, pero sobre todo a mis hijos Sofía, Pablo y Santiago,
que me han acompañado en este proceso de tanto movimiento, siendo mis más
amorosos espejos, así como a mi papá Emilio y a mi mamá Lety, a mis hermanos
que han experimentado y han sido testigos de las transformaciones de mi SER.*

Gracias por contenerme y amarme siempre.

*Así que mi propósito fue cumplido,
el poder manifestarME con mi esencia, donde me comparto con herramientas
que me han ayudado a vivir en consciencia,
con la certeza de que este camino sigue y seguirá en expansión
y movimiento hasta que deje de tener aliento.*

ÍNDICE

Capítulo 5
Donde está tu atención está tu energía, donde está tu energía está tu manifestación y donde está tu manifestación está tu multiplicación ....
111

Capítulo 6
Unidad, dualidad, trinidad, comunidad 125

INTRODUCCIÓN

Compartiéndome,
expresándome,
manifestándome

"Conocerte a ti, es conocer al creador"

Julia Cameron

He descubierto que la escritura me hace ejercitar la disociación de mi vida, y cuando leo de nuevo estas letras puedo verme desde otra perspectiva.

Es una ventana al autoconocimiento, a una verdadera desnudez desde esta modalidad del lenguaje escrito, donde la energía y la conexión es muy diferente. Hay mecanismos en este proceso de leer y escribir que es único, por eso es un arte; es profundo, es una experiencia para sanar el alma.

"Conocerte a ti, es conocer al creador" decía Julia Cameron, y poder entrar y profundizar en tu SER, conocerlo, sentirlo, recordando, y reconectando desde un auténtico deseo de manifestación, con una escritura cómoda y real, es donde inicio la aventura de compartir estas palabras.

Expresarme desde mi humanidad, reconociendo mi divinidad, creando mundos para compartir y desde mi experiencia, sensibilizar y servir.

Éste es un acercamiento a las personas que quieren vivir una realidad con una mirada distinta a como nos han enseñado. Esto es porque normalmente nos hemos dado a la tarea de vivir hacia afuera, para darle gusto a los demás, para poder acceder a ciertos reconocimientos externos o simplemente para buscar el agrado o el sentido de pertenencia a ciertos grupos. Y por eso a lo largo de nuestra historia, vivimos pensando en aquello que va a hacer que sea el favorito de mis papás o de mis maestros, buscando en el exterior esa aceptación, amor o reconocimiento. Y luego, por eso vemos que lo que se manifiesta en el exterior es exactamente lo que necesitamos "arreglar" o "voltear a vernos".

Esto es algo común en nuestra sociedad, y es por eso que el sistema donde vivimos está creado para estar en un estado de "evasión" a lo que siento yo en realidad, o a conocerme a mí de una forma auténtica. Queremos sentir felicidad el mayor tiempo posible y de esta forma rechazar cualquier otra cosa que me haga sentir lo contrario. Tenemos poca tolerancia a la frustración debido a la prontitud en que todo se presenta en nuestra vida ;desde los servicios, la información, queremos el bienestar inmediato.

Huimos de conocernos a nosotros mismos, y nos damos a la tarea de estar siempre buscando aquello que nos haga sentir placer fuera de nosotros. Lo buscamos en los amigos, la pareja, las compras, las redes sociales, el trabajo, las fiestas. Todo lo que es externo, cuando en realidad la búsqueda ha sido siempre más sencilla de lo que creemos. Es como cuando se te pierde algo que estás buscando por todas partes y te das cuenta de que la tienes en tu mano y no lo habías notado. Perdemos mucho tiempo generando apegos, buscando y poniendo la expectativa de nuestra vida en todo aquello que realmente no depende de nosotros. Haciendo juicios y echando culpas a la familia, amigos, pareja, vecino … a todo lo que nos hace daño.

En mi experiencia, todo aquello que está fuera de mí es una creación solamente para poder darme cuenta de cómo estoy por dentro, qué necesidades tengo o qué es lo que necesito armonizar e integrar en mí. Viviendo de esta forma, utilizando lo externo para poder darme cuenta, ser consciente de mi vida, y poder transformar, cambiar, transmutar, dependiendo de qué es lo que deseo hacer con esa información.

Recuerda que eres la expresión viva de la vida.

Einstein definió la locura como hacer siempre lo mismo y esperar resultados diferentes. Así que este libro pretende abrir un espacio donde los lectores puedan tener opciones para cuestionarse y que puedan descubrirse con una mirada distinta. Que puedan vivir y hacer las cosas diferentes. Conectar con el silencio interno. Recuerda que cada camino que eliges es el adecuado.

El arte de la escritura es de los más antiguos de nuestros tiempos como humanidad. Dicen que si escribes en piedra, la información durará 10,000 años, si escribes en papel durará 1,000 años y si escribes en plataformas digitales 10 años. Yo creo que si escribes desde el corazón puedes dejar una huella trascendental en los lectores que conecten con tus palabras e ideas. Así que los invito a que se suban conmigo en este viaje de confrontación y poder desaprender para aprender, cambiando nuestro rumbo de percepción de la vida misma.

Te recomiendo que leas este libro como si fueras niño(a), rompe las barreras de tus creencias, sensibilízate, no tengas expectativas, fluye, disfruta, lee con una mirada inocente. Deja tu mente descansar y lee este libro con el corazón.

Por cierto, les comparto que tengo un animal que admiro, me encanta y me identifico con él.

Es el colibrí. Sus magníficos colores que alegran al verlo, su aleteo rápido y aerodinámico que permite mantenerse volando, pareciendo que está estático; es pequeño y tienen un pico largo y estilizado, el cual utiliza para cargar el néctar y llevarlo a otras flores.

Dicen que cuando hay un colibrí cerca es porque el alma de un ser querido te está visitando. Y eso me conmueve, pues el animal es tan bello que el recuerdo de ese momento es mágico y lleno de amor.

En la consciencia del colibrí podemos ver lo que nos enseña de la vida a nivel del alma. Del mismo modo que el diminuto pájaro encuentra el valor para emprender su monumental viaje, podemos descubrir el coraje de percibir nuestras propias vidas como un viaje de crecimiento y descubrimiento, de maduración espiritual.

El colibrí ni siquiera se supone que pueda volar, dada la forma y el peso de su cuerpo. Asimismo, algunos de nosotros sentimos que no fuimos hechos para volar por los cielos; lo que sí parece claro es que fuimos diseñados para caminar pesadamente por el lodo o abrirnos camino en el lodo.

Pero a pesar de que no tenemos suficiente tiempo, suficiente dinero o suficientes "alas", cada uno de nosotros tiene un gran viaje que está disponible, si es que escogemos aceptar la invitación de la vida y responder a su llamada.

Hay una fábula que cuando la leí me hizo sentir esta motivación por escribir, compartir, manifestar, profundizar y hacer que las cosas sucedan: yo estoy haciendo mi parte.

Fabula del colibrí:

Cuenta la leyenda que un día hubo un incendio enorme en el bosque.

Todos los animales huían despavoridos, pues era un fuego terrible.

De pronto, el jaguar vio pasar por sobre su cabeza al colibrí...en dirección contraria, es decir, hacia el fuego. Le extrañó sobremanera, pero no quiso detenerse.

Al instante, lo vio pasar de nuevo, esta vez en su misma dirección. Pudo observar este ir y venir repetidas veces, hasta que decidió preguntar al pajarillo, pues le parecía un comportamiento harto estrafalario:

–¿Qué haces, colibrí? – le preguntó.

– Voy al lago – respondió el colibrí–. Tomo agua con el pico y la echo al fuego para apagar el incendio.

El jaguar sonrió.

–¿Estás loco? – le dijo –. ¿Crees que vas a conseguir apagarlo con tu pequeño pico tú solo?

No – respondió el colibrí – yo sé que solo no puedo. Pero este bosque es mi hogar. Me alimenta, me da cobijo a mí y a mi familia, y le estoy agradecido por eso. Y yo lo ayudo a crecer polinizando sus flores. Yo soy parte de él y él es parte de mí. Yo sé que solo no puedo apagarlo, pero quiero hacer mi parte.

En ese momento, los espíritus del bosque que escuchaban al colibrí, se sintieron conmovidos por la pequeña ave y su devoción hacia el bosque. Y milagrosamente enviaron un fuerte chaparrón, que terminó con el incendio.

Autor desconocido

Pero bueno, empecemos con la mirada de vida en donde, la salida es para adentro, iniciando este viaje a la consciencia del AUTOSER.

Las abuelas indias contaban esta historia a sus nietos concluyendo:

"¿Quieres atraer los milagros a tu vida? ¡Haz tu parte!"

CAPÍTULO 1

El Modelo del Ser

El modelo del SER, es una herramienta que nos ayuda a responder las preguntas básicas de la Filosofía Esencial:

¿Quién eres?

¿Dónde estás?

¿Cuál es tu deseo más profundo?

De aquí parte todo camino de autodescubrimiento. Para implementar este modelo, es básico recordar que todas las respuestas están dentro de uno mismo, pues el objetivo de esta herramienta es generar nuestra propia filosofía de vida, única e irrepetible.

Comparto el modelo del SER para tener una visión de lo que somos y así adentrarnos en un proceso de autoconocimiento consciente que nos permita confrontarnos a nosotros mismos.

"Confrontación" significa ponernos de frente de manera amorosa, gentil y auténtica.

El SER ES… Somos consciencia pura en esta manifestación que tenemos representada en nuestro cuerpo humano; existen más elementos que nos hacen conocernos a nosotros y esto es lo que nos proporciona este modelo. Lo considero como una brújula que nos ayuda a ubicar nuestras áreas de oportunidad y a darle respuesta a nuestros diálogos internos de cómo estamos creando nuestra realidad.

El modelo del SER está conformado por 6 campos diferentes para su mejor comprensión y sensibilización, que son físico, sentimental, mental, espiritual, sutil e informativo.

Los campos están vinculados por: emociones, pensamientos, ideas, existencia, esencia y vacío del SER. Contenidos en acción, sensibilidad, conocimiento, sabiduría, voluntad e intención.

El objetivo de esta herramienta es llegar a la mismidad o unificación del SER, conceptos que abordaremos en el siguiente capítulo. Vamos a platicar cada uno de los campos para poder identificar qué características tienen y poder integrarlas en nosotros.

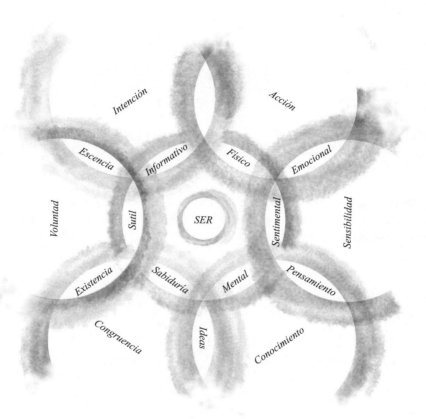

La Filosofía Esencial nace de una necesidad de buscar respuestas, ante una carencia existencial del artista filosófico Alvaro Cuevas, en el año 2000 y ha ido confrontándose durante toda su vida para ir nutriendo esta filosofía. Esto que muestro a continuación es mi mirada del modelo que he integrado en mi vida. Yo la conocí hace 3 años, y he colaborado con él, como muchas personas, para ir nutriéndola de acuerdo con nuestras experiencias de vida.

Campo físico

En este campo se reflejan las características físicas del SER, es decir: formas, tamaños, peso, colores, estatura, complexión, tipo de sangre, tez, lunares, color y tipo de cabello, marcas, tatuajes, huesos, cirugías, enfermedades, padecimientos, etcétera.

La nutrición nos arroja información acerca de cómo está fortalecido nuestro cuerpo, recordando que los alimentos nos proporcionan la energía necesaria para funcionar de forma equilibrada.

El movimiento que hace nuestro cuerpo por medio del deporte, nos ayuda a fortalecer tanto la parte interna como externa, generando mayores posibilidades de tener un cuerpo saludable y longevo para continuar llevando a la acción tus pensamientos e ideas.

Podemos obtener mediciones del SER de manera cuantificada por medio de análisis clínicos, estudios médicos, diagnósticos etcétera. Cada vez más la ciencia ha comprobado la relación directa entre las emociones y las enfermedades.

En este campo comprobamos a través de la biodescodificación, que las emociones (campo sentimental) que vivimos, están somatizadas en nuestro cuerpo físico, así como también nuestra historia genética (campo sutil).

Las emociones son la conexión
entre el campo físico y sentimental.

El cuerpo habla lo que la mente calla.

Campo sentimental

En este campo podemos visualizar al SER en su estado emocional, sentimental y sensible. Es aquí donde podemos sentir la verdadera función de las emociones y ocuparlas como una herramienta para aprender a reaccionar y tomar decisiones de manera consciente.

Nombrar, identificar, sentir y reconocer las emociones, son algunas de las herramientas para transformar, transmutar y alquimizar las mismas, generando una autogestión emocional, teniendo la libertad de sentirlas sin emitir un juicio.

La religión, cultura, filosofía e historia de cada uno, han controlado y juzgado las emociones como buenas y malas, convirtiéndolas en una serie de creencias limitantes, pero podemos autogestionarlas para identificarlas y profundizar en ellas, decidiendo por cuánto tiempo queremos sentirlas, recordando que éstas simplemente existen y que todas pueden ser experimentadas para conocernos mejor.

Así mismo, el alcohol, las drogas, el sexo, las redes sociales, apuestas, fiestas, etcétera, son elementos que nos distraen para dejar de sentir. Por eso la ansiedad, la frustración, las adicciones o la necesidad de tomar medicamentos, en edades cada vez más tempranas, están a la orden del día en nuestra sociedad.

Nos hemos acostumbrado a que las emociones que queremos sentir son la felicidad, alegría, o estar en un estado constante de placer, siendo esto una gran frustración cuando no lo logramos de manera permanente. Entendiendo que las emociones son parte de la experiencia del ser humano, podemos vivirlas y sentirlas sin que nos manipulen, generando diferentes estados de manera consciente para que las transformemos en el tiempo que nosotros elijamos.

Las herramientas que nos ayudan a entender este campo son la inteligencia emocional, sentimentología, bioneuroemoción, ecología emocional, experiencias sensoriales, etcétera.

Dejar de ver para observar, dejar de oír para escuchar, dejar de tocar para sentir, dejar de oler para olfatear, dejar de hablar para orar, son ejercicios para sensibilizar nuestros sentidos.

Campo mental

En este campo están los estudios, creencias y creaciones en donde utilizamos nuestros dos hemisferios cerebrales. La parte analítica estructurada y rígida, que es el hemisferio izquierdo y la parte creativa, que está en el hemisferio derecho.

Es un campo que estamos acostumbrados a utilizar para analizar la información y se va moldeando según nuestras experiencias de vida y lo que aprendemos desde niños.

La mente es un programa que desarrollamos desde pequeños y que a lo largo de nuestra vida vamos construyendo en nuestros archivos cerebrales.

El campo mental está contenido entre los pensamientos y la ideas. Reconociendo el poder de nuestros pensamientos podemos confrontar todo aquello que está contenido ahí, pues si los cambiamos, transformamos nuestra realidad.

Por eso es importante callar la mente mediante diferentes prácticas, para poder aprender a crear nuestras realidades desde otros campos, conectando con el silencio.

En una charla que escuché de Matías de Estefano, mencionaba que el sistema nervioso central se fundamenta en el cerebro incorporando el cerebelo, la médula y todos los nervios del cuerpo. Los pulsos eléctricos de tus nervios son información procesada por tus neuronas. El mayor porcentaje de actividad mental no es cognitiva sino sensorial y está en todo tu cuerpo, no en tu cabeza. Tu corazón funciona por los pulsos eléctricos de la mente, y de las neuronas. Las emociones que sientes provienen de las reacciones químicas que producen las glándulas, que son gestionadas por la hipófisis en el centro de tu cerebro.

Los 5 sentidos por los que experimentas la realidad son una mera percepción electromagnética del sistema nervioso. Es tu cerebro el que siente, actúa, piensa, ama, crea, proyecta y asimila.

Las herramientas de este campo son los niveles educativos que has estudiado, libros que has leído, proyectos que has realizado, los talentos que tienes desarrollados, mapas mentales, estados del cerebro, creencias, etcétera.

La mente es un potencial que la consciencia posee en sí misma.

Campo espiritual

El campo espiritual es donde las ideas toman un sentido profundo para materializarlas conectadas con tu sabiduría, que es la unificación del conocimiento con la experiencia, e integrando tu existencia. En este campo podemos tener varias herramientas para unir con el espíritu de tu SER, hacer consciente tu existencia y cuestionar tus ideas experimentándote en un estado de consciencia etérea. Esta energía te permite silenciar la mente para poder acceder a este estado.

El campo espiritual es donde nos conocemos a nosotros en la unificación de los tres campos anteriores físico, sentimental y mental. Las herramientas que podemos utilizar para este campo son cualquier práctica que nos conecte con nuestra esencia que nos ayude a estar en armonía con uno mismo y con los demás. La espiritualidad es una forma en la que hemos sido manipulados a algo largo de la historia para poner fuera de nosotros el poder divino, en vez de otorgarlo en nosotros mismos.

La espiritualidad es el reconocimiento divino de nosotros mismos.

Campo sutil

Es un campo de tránsito donde podemos obtener información de nuestro SER para accesar a nuestro consciente e inconsciente. Aquí se almacenan los registros ancestrales que nos conectan a nuestro árbol genealógico. Al hacerlos conscientes podemos liberarnos de cargas emocionales y lealtades inconscientes que nos afectan.

Este campo nos permite acceder a información a través de nuestros sueños, que al recordar e interpretar, podemos vivir una experiencia más profunda y de otras realidades.

Recorrer nuestra historia desde la raíz, reconociendo las heridas de la infancia, es parte de lo que integra la existencia de nuestro SER.

Se manifiesta la voluntad del SER, conectada con el acceso a vivir en libertad desde nuestra esencia, dejando las cargas que no nos pertenecen.

El programa corpóreo del campo sutil se rige desde nuestro nacimiento con información que ya tenemos configurada, a la cual podemos accesar por medio de la astrología. Herramientas de este campo son constelaciones familiares, estudio de mi árbol genealógico, la epigenética, la bioneuroemoción, terapias de reconexión, reprogramaciones, psicología evolutiva, astrología, física cuántica, tarot, entre otras.

Campo etéreo para recibir información consciente e inconsciente de nuestra esencia del SER basada en nuestra experiencia de vida sutil.

Campo informativo

En este campo se encuentra la DATA del SER, su programación, el holograma de información. Es donde confrontamos que el SER ES. Reconocemos que jamás ha habido separación.

Las diferentes herramientas que nos brinda este campo, nos ayudan a acceder a la información que está dentro de nosotros mismos, recordando que somos consciencia pura y que siempre podemos acceder ahí.

El ejemplo que me gusta poner en este campo, es que somos como el agua. Siempre ha existido. La lluvia que hoy cae del cielo es la misma que ha caído siempre, solo que cambia de estados. Lo mismo sucede con el SER, hemos vivido en diferentes estados y en este campo podemos obtener la información de eso que somos en cada uno de ellos.

Algunas de las técnicas para acceder a esta data pueden ser la meditación, la medicina ancestral, los registros akáshicos y otras prácticas que nos demuestran que todas las respuestas están dentro de nosotros mismos.

Yo lo llamo recordar, volver al corazón, pues es la información que tenemos en nuestro ADN, en nuestra programación y memoria celular que conecta con nuestra esencia.

Resumen de los seis campos:

1. El modelo del SER nos muestra una visión de lo que SOMOS, desde la esencia hasta la parte física que nos compone.

2. Somos consciencia pura en esta manifestación que tenemos representada en nuestro cuerpo humano.

3. Estamos experimentando una experiencia humana.

4. Conocer nuestros diálogos internos nos ayuda a entender cómo funcionamos y cómo creamos nuestra realidad.

5. El modelo del SER ayuda a que la mente humana identifique su composición de una manera distinta.

6. El SER... ES. Jamás ha estado separado.

7. Existen muchas herramientas y elementos que nos ayudan conocernos más a nosotros mismos.

9. Ampliar nuestra consciencia nos ayuda a descubrir la unidad del SER.

El vacío

En el esquema gráfico del modelo del SER, existe una conexión entre el campo informativo y el campo físico representada por el VACÍO. La función de esta parte es crear un espacio deshabitado para que desde ahí se manifieste la innovación, la destrucción de creencias y la creación. Para poder crear hay que vaciarnos.

En este campo se encuentra el movimiento, el flujo de la energía, desaprender para aprender, morir y renacer. Es aquí donde integramos el presente con lo que estamos viviendo para poder vivir en MISMIDAD.

Mismidad es la integración de los 6 campos del SER desde una neutralidad, verticalidad, conscientes, dándonos cuenta de cómo se relacionan entre ellos, accediendo a la información externa, para poder visualizar internamente qué es lo que sentimos, tenemos, pensamos, creamos y conectamos. La mismidad nos conduce a sensibilizar nuestros sentidos, recordar quiénes somos, dónde estamos y qué deseamos. Reconocer nuestra divinidad, que somos seres divinos manifestados en un cuerpo humano compuesto por varios campos que se relacionan. Nunca ha habido separación de nuestra esencia.

La forma o metodología para acceder a la mismidad la hemos denominado como AUTOSER y se centra en confrontarte de manera autogestiva. Autoconocimiento, autogestión, autosensibilización, autodescubrimiento, automotivación, autoindagación.

Desde que nacimos nos dieron una identidad que nos hace estar viviendo una vida en control, apego, con creencias limitantes y en un sistema que nos hace evadir los cuestionamientos de nosotros. Nos da miedo cambiar pues queremos pertenecer a lo que conocemos y estamos acostumbrados, pero si iniciamos un proceso de desetiquetarnos, entonces podremos salir de nuestra zona de confort, podremos también desaparecer lo que pensamos de nosotros mismos, creando así un espacio de vacío donde podemos experimentarnos y conocernos, al mismo tiempo que transformar la manera de hacerlo.

Para poder crear hay que vaciarnos.

Etiquetas

Una etiqueta es una percepción que nos deja una huella, una impronta. Es un adjetivo que nos marca. Son estereotipos, juicios creados por el otro y por nosotros mismos que nos dividen y separan.

En nuestro lenguaje, tendemos a poner una etiqueta a lo que nos rodea, lo que hacemos, lo que decimos y lo que pensamos. Las religiones, las culturas, las filosofías y las historias de cada uno nos van definiendo y controlando, poniendo juicio a nuestras emociones y acciones. Lo que hacen las etiquetas es designar esa percepción del otro y de mí mismo.

En los anuncios de la tv, en las revistas y en las redes sociales, nos enseñan esto:

"Para ser feliz necesitas estar delgada".
"Si eres gorda nadie te va a aceptar".
"Si eres gorda nunca serás feliz"

Pero, ¿qué hay realmente detrás de una persona que tiene sobrepeso?
Estamos etiquetando solamente su estado físico.

La confrontación amorosa, los cuestionamientos y el debate a través del diálogo, nos ayuda a sensibilizarnos para llegar a otros niveles de consciencia en la comunicación y expresión sin utilizar las etiquetas y juicios.

Las etiquetas son un muro divisorio. Aprendamos a no tomarnos nada personal y reconozcamos que, quien pone etiquetas está hablando de su propia realidad. Tengamos empatía de su proceso con una mirada sensible.

"Juzgar al otro es juzgarse a sí mismo".
Shakespeare.

Las etiquetas están presentes en la familia, amigos, la sociedad y el mismo sistema, nos hacen tener apego, control y sentido de pertenencia. Aún así, pueden ser consideradas positivas y negativas.

Es importante que primero eliminemos las etiquetas propias para después deshacernos de las que nos han impuesto en el exterior, haciéndonos una pregunta:

¿Cuáles son tus etiquetas?

"Eso no existe"

"Estás loca"

"Que exagerada"

"Que gorda"

"Es pobre"

"Es rico"

"Es popular"

"Que flaca"

"Es interesado"

"Se droga"

"Es raro"

"Es feminista"

"Es machista"

"Es budista"

"Es de nacos"

"No es gente bien"

"Te vas a ir al infierno"

"Te va a castigar Dios"

"Ahora resulta que escribes"

"Son cosas que no hay que meterse"

"Eres hija de tal empresario"

"Eres hermano de este otro"

"Eres esposo de "

"Eres mamá de"

"Eres papá de"

"La sociedad así es"

"Adáptate al sistema"

"Tienes que…"

"Debes de …"

¿Quién soy?

¿Te imaginas que la respuesta venga sin una etiqueta?

Que la respuesta nos unifique, integre, libere y nos lleve a hacernos conscientes de la mismidad del SER.

Durante mucho tiempo, fui muy dura con mis etiquetas. Sin herramientas e información, estaba inmersa en un sistema de expectativas, esfuerzo y juicios sin saber qué era lo que realmente pasaba dentro de mí. Todo era exterior. Aprendí a poner etiquetas.

Nuestros sentidos, emociones y sentimientos también están ligados a ciertas etiquetas, los sabores los relacionamos con momentos que nos marcaron, incluso algunas canciones nos traen recuerdos de ciertas personas, momentos o experiencias.

Los miedos son etiquetas que también están en nuestros sentidos y en nuestra mente.

Por ejemplo, a lo largo de mi vida siempre etiqueté a las serpientes como malas. Me provocaban miedo, angustia y ansiedad; sentía frío en mi cuerpo y en la espalda cada que estaba frente a una de ellas.

La primera vez que tuve contacto con una serpiente tenía 3 años, vivía en la Ciudad de México en una casa pequeña rodeada de árboles y naturaleza, cuando encontramos una serpiente en las escaleras de la habitación de mis hermanos.

Los gritos de mi mamá fueron ensordecedores y fue realmente un suceso de mucha alteración en la casa. Tuve otras experiencias donde me enfrenté a este reptil, guardando en mi memoria sensaciones de pánico, miedo y etiquetas acerca de que las serpientes eran malas.

Pasaron los años y tuve un encuentro con una serpiente que me mostró su bondad, su gentileza, su fluir en la vida y su naturaleza. Se llama Enoc y cuando estuvo enredada en mi cuello, reconocí que solo es la mente quien pone esas etiquetas y que todo es como lo queremos ver.

Contemplé cómo sacaba su lengua, sentí el recorrido de su piel fría y su perfecta geometría. Fui consciente de que la religión también había sumado a que la etiqueta de ese animal fuera negativa. Fue la que convenció a Eva de morder la manzana. Me permití liberar la mente, enfrentar mis miedos, recordar mi sabiduría interna y vivir una experiencia distinta. Transformé mis pensamientos y observé que en la luz hay oscuridad, así como hay oscuridad en la luz.

Todo es dualidad y todo depende de quién lo mire, en nuestra manera de vivir, reflejamos lo que somos por dentro. Son proyecciones de lo que somos.

Aprendí que no voy a cambiar a los demás, pero que sí puedo cambiar yo. Y si cambio yo, cambia mi mundo, mi realidad.

¿Soy libre de elegir mis etiquetas?

Identificar las etiquetas que llevan marcando nuestra vida, es parte de un proceso de liberación que hoy les invito a hacer. ¿Qué etiquetas puedo transformar? ¿cuáles puedo liberar? ¿cuáles quiero eliminar? ¿cuáles me han hecho tomar decisiones en mi vida que hoy quiero cambiar?

El apego a las creencias causan una separación de nuestra esencia y dejamos de experimentarla por el miedo y dolor. Cuando liberas ese apego, unificas y eres capaz de ver más allá de tus limitaciones, (que por cierto tú sólo te pones) experimentas una realidad diferente con posibilidades infinitas de elegir y seguir cuestionando.

Eliminar una etiqueta nos hace sentir en el cuerpo una sensación de bienestar, libertad y apertura. Cambia la escucha y tu empatía por el otro. La información que recibes en tu SER tiene capacidades nuevas, sensibles y profundas. Es como cuando eres consciente de tu respiración: al sentir el aire en tus pulmones, te sientes con vida, tomando sentido de algo que haces de manera automática. Respira sin etiquetas y dale la bienvenida a tu nuevo mundo con una mirada transformadora.

Esto de repente puede sonar abrumador para personas que se están resistiendo a algún cambio y ponen justificaciones en su mente para retrasar o evadir sus creencias. Nos repetimos una y otra vez la misma historia y empezamos a evitar este proceso de desapego.

Los seres humanos somos poderosos y nuestra palabra, pensamientos y sentimientos tienen fuerza. Si lo integramos para entrar en congruencia teniendo esta visión de lo que somos capaces de hacer, entramos entonces en una forma de vida en la que cambiamos nuestra percepción de carencia, teniendo una nueva apreciación y formulación sin etiquetas.

Hoy te invito que lo que piensas, dices y sientes sea lo mismo. Así, ser congruente de manera consciente para decidir de manera diferente como quieres vivir.

Las etiquetas te hacen tener apego, el apego te lleva al control, el control te lleva al estrés, el estrés te lleva a una carga emocional en tu vida que puedes llegar a somatizar en tu cuerpo.

Piensa, ¿Cuáles son las cosas o personas a las que tienes apego?

Este modelo del SER, nos va llevando de la mano como brújula para ubicar nuestras creencias y apegos, así, expandir nuestra consciencia y conocerme más. Elaborar un diagnóstico profundo de conceptos y herramientas donde exploremos dependiendo del deseo de cada quién como ser único e irrepetible.

Explora, cuestiona y confronta lo que quieras dependiendo de tu coordenada de vida. Esto es para que cada quien encuentre su propia filosofía y se conozca en libertad, apertura y flexibilidad.

Abordaremos estos conceptos en el siguiente capítulo para entender, de manera práctica, cómo vivir en mismidad.

CAPÍTULO 2

AUTOSER, cómo nos lleva a la mismidad

Afuera de nosotros no hay nada, todo es nuestra consciencia. El mundo real está

sujeto al mundo mental, a lo que estamos creando dentro de nosotros. Hay que programarlo desde nuestro interior. En la antigua Grecia, "conócete a ti mismo" se consideraba la máxima sabiduría.

La biblia hebrea contiene un dicho que dice "estad quietos y sabed que soy Dios".

En la India surgió la noción de que cada mente individual es en realidad parte de la mente cósmica del mismo modo que una ola individual es parte del océano. Jesús (Lucas 17:21) dijo: "porque he aquí, el reino de Dios está dentro de nosotros". Osiris (según el proverbio Egipcio) "el reino de los cielos está dentro de ti: y cualquiera que se conozca a sí mismo lo encontrará". En todos los casos el acceder al "yo" se convierte en parte de un misterio, la recompensa es un conocimiento profundo, contactar con tu SER y acceder a la consciencia divina.

Cuando estudié mismidad, conocí que hay 5 niveles de consciencia humana:

1 Nivel.- no saber que no sé.
2 Nivel.- no saber que sé.
3 Nivel.- saber que no sé .
4 Nivel.- saber que sé.
5 Nivel.- saber que soy.

¿En qué nivel de consciencia me encuentro? ¿qué apertura y disposición tengo para iniciar o continuar un proceso de confrontación?

Hay ocasiones cuando estás en estos estados de confrontación del ¿quién soy? que te orillan a estar en soledad, pues si estás entrando en ti ensimismado, es para llegar a la mismidad. La mismidad como esta unicidad del SER en todos mis campos, todas mis dimensionalidades, toda mi esencia en MI. Todo aquí y ahora en este momento.

En mi experiencia, no sabía estar sola, tuve una hija a los 19 años de edad. Me casé y tuve otros dos hijos más. Entonces estuve rodeada de gente, hijos, fiestas infantiles, amigos, familia y siempre dedicada a los demás. Con miedos y sin cuestionarme nada. Enfocada en pertenecer y ser la mejor esposa, hija, madre, amiga.

Cuando entré a un estado profundo de indagación personal, ya pasados los cuarentas, empecé a sentir lo que era estar sola, a dejar las redes sociales, la televisión (que saqué de mi habitación), amigos y rutinas.

Ya llevaba un año separada de mi esposo y conocí lo que era estar en este estado. Cuando entendí un significado de soledad, pude comprender lo sagrado que es vivir estos momentos como ser humano y recomiendo siempre hacerlo de manera frecuente para equilibrar nuestros estados de SER y entrar en un silencio interno.

Soledad: sol .- iluminación. Edad:tiempo.

Tiempo de estar contigo iluminándote.

Recuerda que la ignorancia es el origen de todo sufrimiento y que todos tenemos la oportunidad de conocernos. Cuando inicias este camino de autoconocimiento es común que caigamos en un estado de soledad y que deseemos apartarnos de personas o de ciertas rutinas para entrar en este estado de ensimismamiento.

Este estado te va a llevar a vivir la mismidad.

El termino mismidad, es la unificación en todos los campos del SER, estar en neutralidad, verticalidad y equilibrio, ser consciente de lo que soy.

En la mismidad, yo me visualizo como un malabarista haciendo equilibrio en el aire con pelotas en las manos, pasándolas y moviéndolas rápidamente para que no se caigan. Estar en constante movimiento permite que todas las pelotas giren en lapsos muy cortos de tiempo. La concentración y atención del malabarista es impresionante, sabe lo que hace y cómo hacerlo. Para llegar a eso pasó por muchas horas de práctica, se le cayeron las pelotas, posiblemente se cansó, se quiso dar por vencido, pero tomó de nuevo las esferas y siguió practicando hasta que empezó a darse cuenta que lo iba logrando, poco a poco pudiendo analizar su fuerza, frecuencia, tiempos, etcétera.

Así me veo yo en este camino del AUTOSER. Cuando te percatas de esta mirada de responsabilidad y que todo está dentro de ti, es cuando inicias una vida donde te enfrentas a tu SER real. Sin evasiones, viendo las luces y las sombras que tienes, explorando mundos que están dentro de ti que no podías ni imaginar.

En este estado de consciencia conoces a tu ego y tus apegos, enfrentas tus miedos, cuestionas las cosas que antes no cuestionabas y estás consciente de lo que pasa a tu alrededor.

El amor propio es una de las condiciones que tenemos como humanos para sentir e integrar, pues si no lo tienes hay guerra con todo lo demás. Dejas de tener apertura y rechazas todo. Por eso la importancia de abrirte primero a explorar este amor propio y experimentarlo de forma auténtica.

> Sentir AMOR PROPIO es el inicio del camino para integrar los seis campos del SER.

¿Cómo hacemos para tenerlo?

Conecta contigo, siéntete, explora tus virtudes, sé gentil contigo, haz consciente todo lo que has hecho en tu vida, deja de juzgarte. No pongas en nada, ni en nadie externo lo que tú puedes hacerte sentir por ti mismo. Eres un milagro único e irrepetible, valórate, reconócete y ámate.

Es normal que cambies tus hábitos y tus amistades, pues estás conectando contigo. Empiezas a ver las cosas diferentes en todo lo externo. Habrá situaciones que pueden ser algo dolorosas y en mi experiencia, es de las que puedes aprender sin juicio, sin echar la culpa al otro. Solo aceptando que estás en cambio en tu interior y eso se refleja en lo externo.

¿Duele? Sí, a veces. ¿Es importante sentirlo? sí, pero únicamente para experimentarlo y dejarlo pasar, no quedarse en el personaje de drama y dolor. Movilizarlo para que no se somatice en el cuerpo. Darte cuenta que estás como detective en un caso. No puedes decir nada a nadie, tienes que leer, investigar y acudir en silencio a lugares para conocer más acerca de lo que está pasando. Aquí es igual, en silencio, sin dar explicaciones, solo interioriza y conócete.

Ahora que he estado escribiendo acerca de eliminar el juicio y dejar de echar culpas, me doy cuenta que cuando lo hablo con las personas, la gran mayoría tienen un rechazo a querer verlo de esta manera. Pues estamos acostumbrados a que "yo no soy el culpable de eso, que esa persona me hizo". Así nos enseñaron.

Eliminar esas creencias puede generar resistencia, pues es más "fácil" cuando le echas la culpa a los demás de lo que te pasa. De hecho cuando dejas de echar culpas y ves que todo está en ti, se siente una extraña "soledad" donde de repente quieres ese apapacho de alguien más diciéndote "si, ya te diste cuenta que no existe el otro, pero ya no hay retorno, es parte del camino, síguele". Es una mirada a la vida donde puedes aprender a disfrutarla con una consciencia distinta y profunda.

Les cuento una de las muchas veces que me di cuenta de esto en mi vida, recuerdo que fue bastante doloroso y aterrador. Pero miren, aquí sigo y les puedo decir que es perfecto y que lo repetiría millones de veces.

Saber que soy lo más importante en mi vida, que dependo solo de mí, de mis decisiones y creaciones, fue una experiencia que me enriqueció muchísimo.

Cuando logré darme cuenta que a Dios lo había creado siempre fuera de mí , allá "arriba en el cielo", en un lugar que estaba lejano, fue algo bastante confortante y a la vez me moría de miedo.

Entendí que en realidad está en mí interior, que vive en mí y que yo soy esa divinidad. Dejé de poner en Él mis peticiones… era muy cómodo ponérselas. Frases como "si Dios quiere", "estoy en manos de Dios" eran comunes en mi día a día. Eliminarlas para siempre de mis creencias y poner la completa responsabilidad en mí, fue todo un derrumbe de mis estructuras y condicionamientos. Hoy vivo de forma distinta a lo que estaba acostumbrada, en un estado de constante movimiento y apertura, con plena responsabilidad y creando nuevas estructuras mentales que me permiten vincular conscientemente los 6 campos del SER.

Tengo tres hijos, maravillosos por cierto. Los tres han sido mis más grandes maestros, donde me han enseñado a conocerme en las profundidades de mi SER. Hubo una época donde tenía muchos problemas con mi hijo más pequeño. Estaba rebelde, no hacía caso, no obedecía a lo que le pedía, le iba mal en la escuela, era grosero etcétera.

Yo, con toda seguridad, lo llevé a la psicóloga, dando por hecho que el problema era de él y que yo tenía toda la razón de estar enojada y desesperada. Sentí un alivio enorme al ir a buscar ayuda profesional para que ella lo resolviera. Me sentí muy responsable.

En la tercer cita, la psicóloga me citó para ir sola a la siguiente sesión, comentó de forma muy puntual que no necesitaba ir mi hijo. Yo todavía la vi con cara de "¿a ver? si el paciente es él, no yo". Asistí de forma malhumorada pues aparte de todo, tenía que pagar la sesión.

Cuando ingresé con ella, me empezó a comentar cómo veía a mi hijo. Para mi sorpresa dijo que lo veía bien, que no tenía algo grave o fuera de lo normal para un niño de su edad. Y me hizo una pregunta que me sacudió.

¿Qué te tiene tan enojada que estás manifestando con tus hijos?
Ellos sólo están reaccionado a tu emoción.

Yo pensaba, ¿eso qué tiene que ver? si lo que me enoja, es que no me obedece y que me falta al respeto. Pero la psicóloga me confrontó.

¿Qué estás haciendo en tu vida, qué te estás faltando al respeto a ti misma?
¿En qué no te haces caso? ¿Por qué no haces lo que te gustaría hacer?
Pues justamente eso, es lo que estás manifestando.

Me solté llorando como hace mucho tiempo no lo hacía, empecé a platicarle las situaciones que me tenían así, pero que jamás sentí que tenía relación con que a mi hijo le fuera mal en la escuela.

Yo no estaba haciendo de mi vida algo para mí, no era congruente, estaba siempre pensando en los demás para ser la esposa, la mamá, la hija, la amiga y que me olvide de mí. Eso me tenía enojada, y lo manifestaba en mis hijos, sobre todo en el menor. No me sentía valorada. Fue gracias a eso que yo pude darme cuenta que cambiando de forma consecutiva, también empezó a cambiar mi hijo menor.

Me sentí Merlín haciendo magia, y descubrí que la salida es para adentro.

Cuando haces los cambios internos, se manifiestan afuera.

Entones comencé a practicar cada vez más a lo largo de los años. Una forma de trabajar esta magia del autoconocimiento, la mismidad y la atención, es la lectura, cuestionar y experimentar. Tener apertura y eliminar los condicionamientos que están arraigados. Hacerte amigo del miedo, dejar de temerle. Hacerle caso a tu intuición y aprender a sentir tu cuerpo.

Sólo así, pude ser consciente de que lo que estaba haciendo era que quería cambiar al mundo y que necesitaba echarle la culpa a los demás por lo que me pasaba, cuando en realidad todo estaba dentro de mí. Por eso la responsabilidad juega un papel muy importante en esta forma de vivir.

Explorando mi SER, los campos y sus características en mi vida, conocí cómo es vivir en una constante movilidad de mi AUTOSER. Estar consciente de lo que sucede con mi malabar de vida, y recordar que mis campos están en movimiento y que están todos relacionados. Dependiendo qué deseo, elijo un campo para conectar y ese me lleva a conectar con otro y así sucesivamente.

Armonizarlos, unificarlos y estar en mismidad es un estado al que puedes acceder en un instante, tú decides la velocidad y el tiempo para ir descubriendo y creando tu realidad. Todos hablamos de procesos, pero la verdad es que eso también está en la mente y en nuestra creencias. Al decir "estoy viviendo un proceso", de alguna forma estamos en la creencia de que necesito tiempo para cambiarlo. Tú decides el tiempo en que quieres cambiar lo que deseas una vez que tengas la información para hacerlo.

Sé que para muchos, esta manera de vivir la vida desde el AUTOSER puede sonar algo distinta a lo que estamos acostumbrados y en ocasiones egoísta; sin embargo vamos desmenuzando qué es el egoísmo y cómo puedo ayudar a los demás pensando primero en mi.

Siempre recuerdo un ejemplo muy claro cuando te subes a un avión y te dan las explicaciones de qué hacer en caso de una despresurización, te dicen que primero te pongas tú la máscara de oxigeno para que después puedas ayudar a un niño o a otra persona a ponerse la suya. Es muy claro que estando bien tú puedes hacer algo por los demás.

Imagina un matrimonio donde uno de los padres sufre y vive incómodo, por tanto, comienzan a pelear y dejan de tener una conexión como pareja, incluso llegan a lastimar a sus hijos con violencia verbal. Están de malas o tristes. Se consumen poniéndose máscaras y fingiendo que todo está bien para que no mover las aguas en su casa y familia. Además, debemos agregar las creencias que se han sembrado: "el matrimonio es para toda la vida" y "si no estás cómodo, es tu cruz, tú lo elegiste y así te tienes que quedar".

Esta situación es más común de lo que imaginamos, pero ¿qué es lo que sucede realmente?.

Ya sea por seguir en una zona de confort, por miedo o simplemente porque no le quieres hacer daño a tus hijos, evades la confrontación de lo que realmente quieres en tu vida, de lo que quieres hacer, de cómo te sientes más cómodo. Y para no lastimar a nadie, te quedas ahí estático, sin moverte y sobreviviendo en un estado que no te permite vivir en plenitud.

Siendo responsables de nuestras acciones y pensando en lo que quiere nuestro SER, podemos entrar a un estado de consciencia donde nos percatemos de lo que realmente queremos y podamos separarnos o alejarnos de las personas que no nos permiten sentir un estado pleno. Sólo así, podremos liberarnos de esos estados emocionales y tomar decisiones para transformar nuestra vida y disfrutarla.

Te separas, tomas terapia, invitas a tu pareja a vivir desde otra perspectiva sin juicios y sin echar culpas, desde ahí, viendo qué deseas y cómo lo deseas hacer, tomas decisiones.

Tal vez empiezan un camino de autoconocimiento juntos (pero no revueltos), pueden cambiar hábitos, mejorar su comunicación, pueden acordar tomar distancia un tiempo, ya dependerá del estado de cada quien . Actúas desde tu propia consciencia pensando en ti. Eso puede sonar egoísta pero en realidad, si ves por ti, cambias la vida de los que te rodean. Ahí es donde radica la diferencia.

Esto es porque partimos de la consciencia de que si estoy bien yo, va a estar bien el otro, aunque a veces haya dolor, que sabemos es necesario para nuestra evolución. El ver por ti desde la mirada del AUTOSER es generar la absoluta conciencia y responsabilidad de que si yo estoy bien y en equilibrio, todo está bien en mi mundo externo.

Tu carácter cambia, tu emoción, tus acciones, tu manera de vivir se transforma pues estás viviendo con la certeza de tus decisiones propias. Así tu familia, tus hijos y todo lo externo va a empezar a manifestarse de otra manera, te van a ver más tranquilo, con plenitud, seguridad, sin miedo y entonces todo lo que enfrentaste valdrá la pena.

Este ejemplo fue sobre el matrimonio, pero también aplica en profesiones, amistades, relaciones familiares y en todas las decisiones que tomamos; así hay que ser conscientes desde qué perspectiva las aplicamos.

¿Por miedo? ¿por no querer dar al otro? ¿por querer darle gusto al otro?

O por una decisión responsable desde mi AUTOSER en congruencia con quién soy, dónde estoy y cuál es mi deseo más profundo.

Actualmente vivimos un momento histórico donde la información está muy a la mano, estamos constantemente cambiando nuestra forma de pensar, se están cayendo ideologías, religiones y creencias.

En ocasiones, existen un exceso de herramientas y no sabemos qué hacer con ellas o cómo utilizaras y de esa misma manera, evadimos nuestra realidad y entramos en una zona de confort donde nos quedamos estáticos, sin cuestionarnos y sin movernos. Cada vez creamos más necesidades como humanos, y eso nos hace sentirnos vacíos, con evasión y con carencias en diferentes campos del SER.

Nunca es suficiente el éxito, dinero o poder. Es parte de nuestra experimentación. Y así lo estamos creando.

Por eso comparto esta información y pongo este espacio entre letras para que tú puedas decidir accesar al AUTOSER, de forma libre y al tiempo y ritmo que decidas, con las herramientas que elijas y con el acompañamiento que quieras conectar.

¿Quién eres?
¿Dónde estas?
¿Cuál es tu deseo más profundo?

Creando tu propia filosofía de vida ensimismado o en mismidad.

Ensimismado es cuando estás enfocado en algo específico, estás con tu atención y energía en un solo concepto, campo o situación. Mismidad es la unificación entre todos los campos y estar en armonía. Siendo y estando.

Hay que reconocer que cada uno de nosotros tiene un estado de consciencia en evolución y que cada quien entiende y escucha de acuerdo a sí mismo. ¿Hay mejores o peores? Todos los estados de desarrollo de consciencia son perfectos de acuerdo a tus deseos conscientes o inconscientes.

Es por eso que hay que respetar el famoso despertar de cada uno. Digo "famoso" porque todo el mundo espiritual habla que estamos en un despertar de la consciencia. Yo considero que toda la vida en toda la historia de la humanidad hemos estado igual, en una constante evolución de la conciencia, que es esta vida hermosa que estamos experimentado.

Y lo veo como un sueño cuyo despertar es parte del mismo sueño. Jamás nos hemos movido de donde pertenecemos.

Simplemente nos estamos experimentando desde esta realidad. La etimología de recordar significa volver al corazón, desde ahí, recordemos que somos seres divinos en la tierra y que jamás hemos tenido una separación de nuestro SER.

En nuestra educación nos hicieron pensar que Dios está separado de nosotros, allá "arriba", cuando lo que yo pienso, siento y experimento es que yo soy esa divinidad expresándoME en este cuerpo y reconociendo al otro como ser divino también, con la certeza que somos luces y sombras, experimentándonos en un mundo dual y que hemos creado un sistema para evadirnos y poner nuestra atención en cosas que nos alejan de nuestra experiencia para entrar en nosotros.

Hoy tenemos la oportunidad de experimentar desde otra perspectiva este juego de la vida y una forma de hacerlo es mediante una técnica que presentaré en el siguiente capítulo llamada **La técnica del director de cine.**

Me gusta mucho, pues la podemos poner en práctica siempre para sostenernos de manera autogestiva, con una perspectiva distinta en nuestra vida diaria.

En cada etapa del desarrollo de la consciencia, hay un impulso vital para buscar escribir nuestra propia historia, nuestra propio guion de esta película, nos hace SER conscientes de manera práctica, y de cómo mirar nuestra historia como observadores de nuestra creación.

CAPÍTULO 3

Técnica del
director de cine

Con ayuda de su imaginación, creación de ideas y pensamientos, un director de cine desarrolla todos los personajes, escenarios y trama de su película. Le toma tiempo poder crear la vida de cada uno, se detiene a desarrollar sus características psicológicas y su manera de pensar y de sentir. Sabe lo que va a pasar con ellos, con la historia, conoce los colores, el vestuario, proyecta hasta los olores en la cámara para que los espectadores puedan sentir y vivir lo que quiere comunicar en la historia.

El director se encarga de comunicar a su productor, directores técnicos y demás encargados para hacer que eso que tiene en su cabeza, suceda en la pantalla y se manifieste su creación.

El director sensibiliza a los encargados de maquillaje, vestuario, ambientación, sonido, escenografía y muchos más. También a los actores les explica las diferentes situaciones que van a sentir. Hace que estudien sus características de comportamiento, sus talentos, su carácter, sus emociones y así ellos aceptan el papel donde van a manifestase con sus talentos histriónicos. Se encargan de dar vida a lo que el director imaginó para llevarlo a cabo.

Cada uno de los que forman parte de la película, la esencia de los personajes y la trama general seguirá intacta, el director de la película se encargará de eso. Sin embargo habrá cosas que se manifestarán de acuerdo a las características de cada persona que irá poniendo de "su cosecha" que hará única la producción. Eso también sucede en nuestra vida. Cada persona con la que nos topamos es única y nos deja una esencia en nuestra película de forma consciente e inconsciente y también de maneras más relevantes que otras.

Vamos a imaginarnos que somos un director famoso de cine, a mí me gusta Guillermo del Toro, entonces juguemos a ponernos la etiqueta de que somos este famoso cineasta. Si analizas sus películas, te darás cuenta que están llenas de detalles, hace que cada momento de la producción transmita los mensajes y la información que necesita.

Entonces vamos a ponernos en el papel de Guillermo del Toro, y tenemos la historia de la película en nuestra mente. Pero el ejercicio lo vamos a hacer como si la película fuera nuestra vida. Podemos ponerle un nombre a nuestra película, identificar a los personajes principales (yo soy el personaje principal), a los secundarios y a aquellos personajes que hoy no están pero que fueron importantes para que se desarrollara la trama.

Haz conscientes los escenarios donde se ha desarrollado esta maravillosa historia, sin juicios, deja sentir todas las emociones que te lleguen en este viaje de tu película. Experimenta esto desde la mirada de director.

Deja que te lleguen olores, recuerdos, momentos, personas y escenas. Puedes irte tan lejos o tan cerca como prefieras de esta línea del tiempo, donde has participado en tu personaje. Pero sigue viéndote desde la mirada de director. Visualiza tu película desde afuera de ti, observando todo el desarrollo de la trama. Yo, cuando hago este ejercicio me imagino que estoy "arriba", en una grúa con una cámara especial viendo todo. Tú puedes imaginártelo como quieras pero fuera de tu personaje.

Ahora, vamos a ponernos en el papel del personaje principal, con nuestro nombre. Experimenta lo que siente, acuérdate de diferentes escenas donde has participado, siente algún drama que hayas vivido, ve a esos momentos donde has estado viviendo plenitud, tristeza, felicidad, incertidumbre y ve los personajes secundarios que te han acompañado.

Siente el aire en esas escenas donde has estado en la naturaleza, ponle música a esas puestas de Sol que has vivido solo o acompañado. Revive esas manifestaciones de los animales que aparecen de repente en tus escenas. Recuerda el mar, recuerda todo eso que te ha conectado con lo que hoy es "tu personaje".

Recuerda las serendipias (una serendipia es un descubrimiento o un hallazgo afortunado e inesperado que se produce cuando se está buscando otra cosa distinta) [1] que has manifestado, las "señales" que te han llegado, las coincidencias inexplicables que suceden en tu vida. Recuerda aquellos acontecimientos donde entraste en momentos de ira, tristeza, miedo o angustia. Vete a todos esos recuerdos que te lleven a ese instante.

Cuando vivimos el ver nuestra película como director, podemos "entender" que las experiencias de nuestro personaje están diseñadas para que el desarrollo de la trama nos lleve a algo, que sus emociones y sus aprendizajes aparecen y desparecen para que el personaje principal (o sea tú) puedas vivir y que sigas experimentándoTE. Pero a fin de cuentas, de manera consciente o inconsciente, tú estás siendo el creador de tu propia película. Solo que vivimos en el personaje dentro de nuestro drama y de nuestra rutina, llenándonos de creencias, juicios y miedos.

Si tú, en este momento te posicionas como personaje de una película de Guillermo del Toro, podrás notar la diferencia de la "producción". A veces, ni siquiera podemos ver que estamos en una producción. Eres un personaje que está sintiendo, estás viviendo el desarrollo de una trama, lloras, ríes y no ves más allá de lo que puede pasar. No sabes qué va a suceder, no te pones en los zapatos de los otros personajes, solo vives tu papel y estás como "actor" de este papel.

Si te pones en el papel del director siendo personaje, puedes tener esta claridad en el desarrollo de la trama. Puedes modificarla si así lo deseas, puedes darte cuenta y entender el por qué sentiste lo que sentiste o por qué te dijeron lo que te dijeron, por qué pasaron ciertas cosas en tu trama, pues tienes una visión completa, más empática, y ves cómo eres responsable todo el tiempo de lo que vives, pues cada personaje está viviendo lo que quiere para experimentarse igual que tú.

Un día fui a un lugar hermoso en Tapalpa, Jalisco y me encontraba parada frente a una piedra enorme, era majestuosa y cuando estaba ahí frente a ella, no podía ver más allá de su textura y temperatura cálida. Veía su grandeza volteando hacia arriba, pero no podía ver más allá. Me dieron ganas de volverme gigante para poder ver lo que había detrás de la piedra, quería experimentar lo que tenía a su alrededor pero no podía. Mi visión y experiencia era limitada, pues la piedra estaba tan grande y yo estaba tan cerca de ella que no podía hacerlo.

Decidí moverme hacia atrás, y entonces me di cuenta de lo que estaba a sus lados, todavía no podía ver lo que había atrás, pero sí podía experimentar una visión distinta. Decidí subirme a la punta de la piedra. Así pude tener una visión panorámica de todo lo que sucedía alrededor de ella. Me llegaba el aire de manera distinta, podía ver a las personas que estaban atrás y veía a las vacas que pastaban por un lado, a las personas que venían caminando por el otro, expandí mi visión solo con alejarme un poco de aquello que no me permitía ver.

Yo tenía la perspectiva de la escena pues estaba en un lugar que me permitía verlo. Eso mismo es la técnica del director de cine, esa misma idea es la que te comparto para que puedas cambiar la perspectiva de tu realidad, para que dejes de tener la piedra frente de ti y dejes de sentir impotencia de querer ver más y no poder. Muévete tú. La piedra ahí seguirá y no es la que se va a mover.

Eso mismo es lo que yo aprendí a hacer en mi vida. Me posicioné en la mirada de creador de mi propia película. Tuve más conciencia, entendimiento de lo que pasaba a mi alrededor y tuve la capacidad de cambiar mi historia, mi perspectiva, por el simple hecho de cambiar mi mirada, de no centrarme sólo en mi personaje y estar ensimismada.

Saliendo de mi zona de confort, me di cuenta que necesitaba hacer mi personaje para cambiar mi historia, y lo hice siendo responsable del papel que estoy desarrollando, pues entendí que no hay que culpar a nadie, y que yo soy la única responsable de cómo estoy actuando en mi papel. Que cada uno juega el suyo. Dejé los juicios de sus actos, y empecé a mirar dentro de mi personaje lo que quería cambiar.

Con esta técnica del director de cine fui consciente que se puede vivir de forma libre y responsable, donde yo soy la creadora de mi realidad, donde necesito tener certeza absoluta de que soy capaz de cambiar lo que siente el personaje, lo que vive, con quién vive. Que todo lo tengo dentro de mí, pues yo soy el productor, el guionista y el personaje. Soy todo al mismo tiempo, yo decido cuánto tiempo vivir las experiencias y cómo vivirlas.

Cuando te haces completamente responsable de vivir así, dejas de poner en los demás expectativas de lo que te pasa, de repente puede resultar abrumador, pues no nos enseñaron a vivir así. Nos enseñaron a tener apegos, dependencias y dejar en manos de los demás, hasta en manos de Dios, todo lo que nos pasa.

Esta forma de vivir definitivamente es para valientes, que se atrevan a estar mirando desde su interior, desde su propias decisiones y creando su propia realidad. Viviendo en la incertidumbre de fluir y vivir. ExperimentándoTE. Es una mirada de vida donde dejas de poner en los demás tu vida, tu energía, y que el proceso de autoconocimiento, cuestionamiento, consciencia, transformación, incertidumbre, ya jamás termina. Eso, sí así lo deseas.

Digo incertidumbre sin temor a contradecirme. Tengo la certeza que viviré en la incertidumbre, creando, descreando, construyendo y destruyendo creencias, pues estoy en constante movimiento, accediendo a información en mis 6 campos y sus conexiones, dependiendo de ¿quién soy, dónde estoy y cúal es mi deseo más profundo?

Es por eso que confirmo que somos seres únicos e irrepetibles, y que en consciencia vamos creando nuestra vida para experimentarnos desde lo que hay en mi interior. Y así manifiesto afuera solo lo que soy, NO puedo dar lo que no tengo. (Abordaremos estos conceptos de manifestación en el capítulo V).

Recordando siempre que tú eres el director de los personajes puedes percibir de forma más rápida que el "otro" no te está haciendo nada a ti, deja de ser personal, es solo parte de la producción para que se desarrolle la trama que tú estás creando.

Esta técnica me gusta mucho, pues es muy sencilla de entender para su práctica diaria. Si la hacemos consciente, podremos integrar la información externa mucho más fácil y así acceder a lo que deseamos nosotros.

De la misma manera vamos a vivir esta técnica con la interpretación que hacemos de los personajes que nos acompañan en el desarrollo de nuestra película. Ya sin juicio y sin echar culpas.

Aplicando esta técnica haciendo un recorrido en nuestro pasado, podemos sanar algunas emociones que nos lleva a comprender en neutralidad lo que los demás personajes de nuestra película nos enseñaron, preguntándonos el ¿para qué? Y que eso que vivimos nos sirvió para hoy ser lo que somos.

Puedes quedarte de repente en el personaje, sentirte, vivir el momento, solo recuerda que depende de ti el tiempo que lo quieras experimentar, para qué y con qué intensidad. Aprende y sigue. Disfruta y crea desde la congruencia tu película haciendo una producción maravillosa.

Una de las muchas situaciones que vi con otros ojos mi historia mediante esta técnica, fue la de mis papás. En un ejercicio donde me fui al pasado para comprender algunas emociones que tenía atoradas, apliqué la visión de director de cine. Pude comprender que me formaron dos seres de muy temprana edad de consciencia, no edad física. Y que con las herramientas que ellos tenían en esos momentos hicieron lo mejor que pudieron.

Me permití adentrarme en mí con una mirada muy linda de autocompasión, pues me juzgaba muy fuerte como mamá. Y cuando apliqué el ejemplo anterior, me di cuenta que mis hijos fueron formados por una mamá con pocas herramientas de consciencia. Lo hice con lo que pude y como pude. Era muy joven cuando los tuve, así que yo los acompañe con mucho amor.

De hecho, de broma les decía a mis hijos "ahorren para que de grandes puedan ir a terapia a sanar las heridas de la infancia". Ellos no comprendían pero yo sí. Y eso es parte del desarrollo humano. Y por eso es perfecto.
Porque ES.

No nos exime a nadie el saltarnos estas partes que nos hacen tener un malestar en la forma en que hicimos las cosas, y sobretodo con lo que más he amado en este mundo, que son mis hijos.

Esta técnica me permitió ser más gentil con lo que hicieron mis papás conmigo y saber que fue perfecto como sucedió. Tuve esta sensación de paz, de comprensión y empatía. Siempre los he amado y aunque hubo cosas que en su momento no comprendía, ya sea porque actuaron de cierto modo o porque yo los juzgaba, sé que recibí lo mejor que pudieron darme y que hicieron siempre que yo viviera segura y contenida, llena de lazos afectivos que me dieron fuerza y seguridad de estar segura que estaba rodeada de amor por dentro y por fuera.

Volví a amarlos sin juicios, como cuando era niña. Verlos como súper héroes de manera consciente me hizo ser sensible que, con mi muy pequeña edad de consciencia, yo también acompañé a mis hijos, los formé de esa misma manera, con lo que tenía, haciendo y sacando mi mejor versión en amor.

Con esta mirada, puedes encontrar las heridas de la infancia que tuviste con experiencias negativas de la niñez y así hacerlas conscientes para liberarlas y que ya no te afecten en tu vida adulta. Las heridas son de abandono, de rechazo, humillación, traición e injusticia.

Hasta el día de hoy, a pesar que sé que ellos no ven las cosas como yo las veo, pues somos y estamos en personajes diferentes; en el fondo sabemos que estamos haciendo lo mejor que podemos.

A veces, como hijos, no comprendemos la manera de actuar de los papás, pero sabemos, en el fondo, que lo hacen sin pretender hacernos daño.

Para ver cambios profundos en la sociedad, es importante que los padres de familia y los maestros, tengan herramientas de consciencia para que su acompañamiento sea más auténtico y alineado a su esencia, a su SER. Y así, podamos madurar para formar hijos y alumnos en congruencia.

En mi vida he pasado por abuso sexual, miedos profundos, exceso de sobrepeso (llegue a pesar 106 kg), tomaba medicamentos controlados por ansiedad, fumé cigarros muchos años, me puse en segundo o tercer plano por los demás, y dejé de SER lo que sabía que era, por miedo a dejar de pertenecer.

Todo eso en resumen, son algunas de las cosas que me han tocado experimentar. Sé que algunas personas han tenido experiencias distintas, sin juzgarlas peores o mejores, son distintas. Pero considero que en experiencia las vivimos igual de intensas o de profundas. Cada quien en su historia o contexto, pero es lo mismo.

La experiencia humana nos permite vivir cosas diferentes. Como dice una frase "mi cáncer puede ser igual que tu tos". Algo exagerado pero se entiende el ejemplo.

Esto nos da una pauta de tener el reconocimiento de que cada SER tiene una etapa de crecimiento, aprendizaje, madurez y de contención en la información que tiene y comparte. Así que al verlo de forma expandida como director de cine, entendemos que así es parte de este desarrollo de consciencia y que eso me ayudó a mí a SER lo que hoy soy.

Comprendo que la realidad que cada quien vive es distinta. Cada uno esta a su vez creando su película, de manera consciente o inconsciente. Si tomamos de la producción de nuestra película un dron, la grúa o con una cámara, podemos subirla tan alto como queramos, ver nuestra película y nuestros escenarios. Anímate a subirte a la piedra.

Puedes ir tan lejos o tan cerca como quieras. Pero eso sí , vé siempre con la seguridad de que es tu película, es tu propia creación lo que estás viendo, sintiendo y pensando de tu historia.

Deja de esperar que las personas vean lo que tú quieres que vean. Eso es de ellas, deja de ser tu responsabilidad.

Estas letras las escribo desde mi perspectiva, comparto información que he experimentado en mi película.

Seguro habrá gente que encuentre en este espacio información que ni siquiera yo veo o habrá gente que no conecte con nada de lo que comparto.

Yo en mi dron he ido lejos, he hecho acercamientos a diferentes puntos de mi vida, he conectado con el pasado, con mi presente, ancestros, vidas pasada, otros mundos y realidades. Esa es mi película. Así que dejo de tener expectativas que los demás lo hagan igual que yo. Lo que sí deseo, es que esto genere un espacio de inspiración para que tú que estás leyendo, te cuestiones acerca de lo que has vivido y experimentes nuevas formas de hacerlo y de integrar todo lo que ya eres. Que construyas tu propio mundo, que hagas tu propia filosofía de vida.

Acuérdense, que esto es como cuando quieres ponerte "en forma" físicamente, con saber que existe el gimnasio no es suficiente para lograrlo. Si pagas el gimnasio, no vas a conseguir nada con eso. Solo estarás dando los primeros pasos para lograr lo que deseas. Con asistir al gimnasio unas cuantas veces al mes, no es suficiente. Necesitas practicar, hacer un plan de lo que deseas hacer, ir, hacer las rutinas, cambiar tu alimentación y ser constante. Agarrar ritmo, condición, experiencia, y así, sólo así, podrás cambiar tu cuerpo o lo que deseabas hacer.

Habrá días que te lastimarás por algo que te haya sucedido con algún aparato por no calentar, habrá veces que no querrás levantarte de la cama para ir, habrá momentos en donde estarás triste o emocionalmente desequilibrado y no sientas ánimos. Pero si en verdad deseas algo en tu vida, lo lograrás con orden, disciplina y constancia.

Hoy estás sembrando una semilla que posiblemente tus ojos no verán los frutos, pero lo que eres hoy es lo que tu consciencia ha sembrado a lo largo de la existencia de tu SER.

Esto sucede lo creamos o no, así que, sigue sembrando y nutriéndote aunque los frutos dejen de ser visiblemente esperados. Deja de tener exceptivas y solo déjate llevar por tu experiencia. Sigue, sigue, sigue, fluye, vive, experimenta, discierne y transforma.

Si lees la información, es solo el comienzo de meterte a hacer un cambio profundo en ti y explorar tus capacidades, creencias, límites, conocer tus emociones, darte cuenta que hay un sinfín de opciones para lograr cambiar tu vida a como realmente la quieres cambiar.

Para poderte reconocer como un ser infinito lleno de posibilidades y que formas parte de un todo, que te pertenece, así como nos pertenece a todos.

CAPÍTULO 4

Claves para el AUTOSER

Con apertura, flexibilidad y deseo de hacer las cosas distintas, vamos a explorar estas claves para el AUTOSER y confrontar desde estas herramientas que comparto, que en mí, han sido claves para mi autoconocimiento consciente y transformación en la experiencia de vida.

Con la técnica del director de cine, sin juicios, sin culpas, cuestionándonos y con la mirada de que todo lo que está fuera de mí, es información que recibo para mí , las personas, situaciones o hasta la misma naturaleza, nos refleja lo que somos por dentro.

Arriba les comenté que cuando estaba en mis 30´s llegué a pesar más de 100 kilos (ahora peso 54), y fumaba mucho, casi una cajetilla diaria. Me acuerdo que cuando quería ponerme a dieta le decía a todo el mundo que estaba a dieta para que yo me "obligara" a no comer frente a los demás. Pero la verdad es que no quería y me escondía en la despensa a comer sin que nadie me viera. Lo mismo hacía con el cigarro, quería dejar de fumar porque sabía que me hacía daño, pero en realidad no estaba convencida de dejarlo. Y cuando me decía la gente que me pusiera a dieta o que dejara de fumar porque me hacía daño, más lo quería hacer, en mí se producía un estado de rebeldía en donde lo hacía más y así me "demostraba" a mi misma que yo "decidía" cuándo hacerlo.

Pues en estos estados para conocerte a ti, pasa lo mismo. Sabes que deseas hacer cambios en tu vida porque te están lastimando, pero no los dejas de hacer por no querer enfrentarlo o sufrir y dejar la zona de confort, también puede ser por miedo. Y lo sigues haciendo.

En mi caso, enfrenté a la ansiedad que me mostraba mis miedos, enfrenté eso que no era capaz de ver dentro de mí porque pensé que iba a dejar de pertenecer. Y cuando hice este ejercicio de liberación y de autogestión emocional, pude liberarme también de la comida, del cigarro, etcétera.

Esto es entrar en este camino de autoconocimiento en donde ya no hay vuelta en "U", ya no hay retorno, pues cuando te das cuenta que avanzas, que eres libre, te das cuenta de lo que eres capaz, de lo que realmente quieres desde tu esencia, no la de alguien más que te impusieron o sembraron, entonces quieres seguir. Dejas todas estas creencias que solo te estaban haciendo prisionero de acciones y decisiones y cuando las liberas o las cambias hasta el aire entra diferente a tus pulmones. Y así, vas teniendo experiencias donde tú decides hasta dónde emprender este camino y qué cambios hacer, pero desde tu CONGRUENCIA, es una práctica que da plenitud.

Por ejemplo, vamos en el coche manejando y de repente se interpone un conductor de manera agresiva y nosotros tenemos que frenar. Un día normal, siendo honestos, ¿cómo reaccionarías?

Y esa reacción va a cambiar de acuerdo a lo que en ese momento estés viviendo.

Si estás enojado, seguramente le "recordarás a su madre" al pobre conductor. Si estás enamorado, le cederías el paso y hasta le darías una sonrisa, si estás estresado o con prisa seguramente tocarías el claxon haciendo una mueca. Pero en realidad esa reacción es tuya. Al otro conductor ni lo conoces y seguramente tenía una razón para hacerlo. Pero no te lo hizo a ti, lo hizo solamente. Deja de ser personal.

Si alguien grita, es eso, esa persona grita. No es "me grita".

Si alguien me falta al respeto, esa persona "falta al respeto", no me lo tomo personal. Sé que es una práctica que lleva tiempo y más porque estamos acostumbrados a reaccionar, a juzgar y a vivir en el drama de que todo me lo hacen directamente.

Recuerda que, lo que me molesta, es algo que yo traigo dentro de mí.

Los 4 acuerdos

Esta herramienta ha cambiado la mirada de vivir de muchas personas, incluyendo la mía, es una obra que ha dejado huella en la humanidad. Los Cuatro Acuerdos de Miguel Ruiz, se considera una transmisión de conocimiento tradicional tolteca que ha estado en nuestra historia. Salió a la luz pública por primera vez en 1997, desde entonces, el autor ha vendido millones de ejemplares en todo el mundo y ha influido en millares de personas que han adoptado esa sabiduría.[2]

EL PRIMER ACUERDO:
Sé impecable con tus palabras.
Ya hablamos del poder que tienen las palabras, la fuerza que desde la construcción de su significado tiene cada una de ellas, pues constituyen el poder que tienes para crear.

Cuando tú plantas una semilla o un pensamiento, éste crece. Las palabras son como semillas. Ser impecable es ir en congruencia contigo mismo. Asumes la responsabilidad de tus actos, pero sin juzgarte ni culparte. Significa utilizar tu energía correctamente, en la dirección de la verdad y del amor por ti mismo. La impecabilidad de tus palabras te llevará a la libertad personal, al éxito y a la abundancia; hará que el miedo desaparezca y lo transformará en amor y alegría.

EL SEGUNDO ACUERDO:
No te tomes nada personal.
El Segundo Acuerdo consiste en no tomarte nada personal.
Te lo tomas personal porque estás de acuerdo con cualquier cosa que se diga. Y tan pronto como estás de acuerdo, el veneno te recorre y te encuentras atrapado en lo que llamamos «la importancia personal».

Durante el período de nuestra infancia, aprendimos a tomarnos todas las cosas de forma personal, pero nada de lo que los demás hacen es por ti. Lo hacen por ellos mismos. Todos vivimos en nuestro propio sueño, en nuestra propia mente.

Personalizar tus situaciones de vida, te convierte en una presa fácil para los depredadores, pero si aprendes a integrar este acuerdo, serás inmune a su veneno.

Bastará con practicar el Segundo Acuerdo para que empieces a romper docenas de pequeños acuerdos que te hacen sufrir y generar estrés. Y si practicas además el Primero, romperás el 75% de estos pequeños condicionamientos que te mantienen atrapado.

EL TERCER ACUERDO:
No hagas suposiciones.
Tendemos a hacer suposiciones sobre todo. El problema es que , al hacerlo, creemos que lo que suponemos es cierto pues lo tenemos en nuestra área de percepción.

Hacemos una suposición, comprendemos las cosas mal, nos lo tomamos personalmente y acabamos haciendo un gran drama de nada. Ante una suposición, siempre es mejor preguntar. Las suposiciones crean sufrimiento. Cuando ya no hagas suposiciones, tus palabras se volverán impecables.

EL CUARTO ACUERDO:
Haz siempre lo máximo que puedas.
Haz siempre lo máximo que puedas.
Sólo hay un acuerdo más, pero es el que permite que los otros tres se conviertan en hábitos profundamente arraigados.

En ocasiones, lo máximo que podrás hacer, tendrá una gran calidad y en otras no será tan bueno. Independientemente del resultado, sigue haciendo siempre lo máximo que puedas, ni más ni menos. Si haces lo máximo que puedas, vivirás con gran intensidad.

Expresar lo que eres, es emprender la acción. Puede que tengas grandes ideas en la cabeza, pero lo que importa es la acción. Ser, arriesgarnos a vivir y disfrutar de nuestra vida, es lo único que importa.

Los Cuatro Acuerdos son un resumen de la maestría de la transformación, una de las enseñanzas que nos dejaron los Toltecas para transformar el infierno en cielo. Para mantenerlos, necesitas voluntad fuerte, porque, vayamos donde vayamos, descubrimos que nuestro camino está lleno de subidas y bajadas.

Por esta razón, es necesario que seas un gran cazador, un gran guerrero capaz de vivir los Cuatro Acuerdos. La recompensa consiste en trascender la experiencia humana del sufrimiento y convertirse en la encarnación de Dios…

Etimologías

El poder de las palabras, como ya lo vimos, contiene una fuerza poderosa que desde su construcción etimológica tiene sentido, significado y coherencia para expresar determinado mensaje.

Yo he disfrutado mucho de conocer los significados etimológicos de las palabras para poder comunicar de manera asertiva lo que quiero y me he dado cuenta que, en efecto, cambia el mensaje que le das a la otra persona. La palabra se convierte en verbo.

Dicen que el silencio, así como una imagen, dice más que mil palabras. Y eso afirma que:

Con menos información podemos decir más y de manera más profunda.

Si te adentras al mundo de las palabras, su raíz y su construcción, encontrarás un universo maravilloso donde, el poder de lo que digas o lo que comuniques a través de tu escritura, será distinta y poderosa.

Por ejemplo, hay una gran diferencia entre conciencia y consciencia. La primera es moral, es para expresar lo que está bien o mal según lo que percibes de acuerdo a tus percepciones.

La segunda, es la que hace que te des cuenta de lo que te está sucediendo, pero desde una realidad propia. Eres consciente de una realidad interna. Si tuviéramos que utilizar una definición básica y general para diferenciar conciencia de consciencia, sería la siguiente:

La conciencia, nos permite comportarnos de manera moral y socialmente aceptable.

La consciencia te permite formar tu realidad, percibir cada matiz, estímulo y proceso interno. [3]

Christof Koch es un neurocientífico norteamericano y uno de los mayores expertos en el estudio de la consciencia y de sus bases neuronales. En libros como La búsqueda de la Consciencia: Un enfoque neurobiológico, nos señala que la principal diferencia entre consciencia y conciencia, es que la primera es todavía un enigma.

La segunda, tiene que ver con el sentido de responsabilidad, con los valores y conocimiento de cada uno por su propia persona y sus actos.
El programa de nuestra vida, está diseñado para que nos reflejemos en lo externo de lo que está dentro de nosotros, en nuestra pareja, hijos, papás, jefes de trabajo y situaciones que

suceden fuera, para que podamos conocer y obtener información de nosotros. Yo no me veo, por eso, me veo en el otro o en las manifestaciones externas a mí.

El programa de nuestra vida, está diseñado para que nos reflejemos en lo externo de lo que esta dentro de nosotros.

En nuestra pareja, hijos, papás, jefes de trabajo y situaciones que suceden fuera, para que podamos conocer y obtener información de nosotros. Yo no me veo, por eso, me veo en el otro o en las manifestaciones externas a mí.

Ley del espejo

En esta sección, vamos a hablar de La Ley del Espejo, la cual, es una filosofía creada por Yoshinori Noguchi (Hiroshima, 1963), reconocido experto en coaching y asesoramiento psicológico, que nos sitúa delante de un espejo para mirar hacia nuestro interior.

Escribiría un libro dedicado solo a esta ley, que en lo personal, me cambió la vida y la manera de relacionarme con el otro. Esto dependerá de qué tan rápido lo apliques en tu vida, en lo personal, me costó un poco de trabajo, más en mi casa y con mis hijos.

> *«Todos los problemas que surgen en la vida ocurren para hacernos dar cuenta de algo importante. Usted no tendrá nunca ningún problema que no pueda solucionar. Usted tiene la fuerza necesaria para resolver cualquier problema, el cual ocurre para que a través de su solución, se dé cuenta de algo importante.»*
> *Noguchi.*

Imagínate el espejo que son mis hijos, mi pareja, mis padres, mis maestros en la escuela, mi jefe del trabajo, mis amigos, mis vecinos, con lo que yo resueno y conecto. Con todo aquello que me enseñan, qué me agrada o qué me desagrada. Pero a fin de cuentas las expectativas que yo tengo del otro o lo que me molesta del otro, lo construyo desde mi creencia, no desde la realidad del otro.

¿Ubicas la frase "lo que te choca te checa"? Cada que lo escuchaba de mi mamá, sentía que me retorcía por dentro. No entendía bien porque me decía eso, no sabía porqué me molestaba tanto ciertas conductas de las demás personas. Es ese otro, que no es más que es la proyección de mí misma, con historias no resueltas y que siguen sin aprenderse.
Cuando me choca, es lo que hay que cambiar en mí.

Cuando algo me agrada es porque me inspira, porque refleja lo mejor de mí.

Hay diferentes motivos por los cuales algo me molesta y lo explicaré del modo que me lo enseñó mi maestra Ani Navarro, Terapeuta Holística del Centro ANANDA, en Guadalajara México, quien pudo resumir estos conceptos de una forma muy sencilla para identificarlos de manera práctica en la vida diaria.

Eso que me molesta es porque…

1.- Me lo hago a mí mismo.

2.- Se lo hago a los demás.

3.- Me da envidia que el otro pueda, se permita o se atreva a vivirlo.

4.- Está en mi sistema familiar y al no resolverlo en mi familia, lo veo en los demás, en mi pareja o lo juzgo de forma espontánea.

5.- Es una herida del pasado o de mi infancia
que sigue vigente en mí y no ha sanado.

6.-Es algo que yo mismo me he hecho y no lo he perdonado. Veo mi culpa.

7.- Son mis creencias limitantes instaladas por quien me educó.

8.- Es una forma en que la vida me muestra lo que ya está resuelto en mí, cuando ya no molesta, aunque esté en desacuerdo. No hay carga emocional.

Cuando llegamos al concepto número ocho, es porque, aunque siga pasando el mismo acontecimiento, deja de existir su carga emocional y ya no me afecta.

Aplicando esta ley de forma consciente podremos ayudar a aligerar el sentido de nuestras vidas y nuestra conexión con ella.

La esencia de esta ley del espejo
nos invita a ver qué hay fuera, porque lo tengo en mí.
Les comparto un texto que es de un autor desconocido,
que me gusto mucho:

"No me conoces, me imaginas.
Sólo ves en mí lo que eres tú.
Si en mí ves amor, es porque en ti
hay amor...
Si en mí ves agresividad, es porque
en ti hay agresividad.
Si admiras una cualidad mía, es porque
tú también tienes esa cualidad...
Si te parezco tonto, deberías analizar
tu comportamiento
Si hay algo en mí que odias, estás
odiando eso de ti que no te gusta.
No es de extrañar...
Soy un reflejo que proyecta tu realidad.
Sólo me imaginas, soy tu invento,
y solamente verás en mí aquello
que reconozcas en ti.
Si te gusta lo que ves en mí, ¡No lo cambies!
Pero si no te gusta... ¡Cámbialo en ti!
Desconocido
En lo que a mí respecta:
Yo te amo, porque eres el espejo que elegí para observarme y crecer.

"Lo que nos molesta de los demás,
son los espejos que me muestran que debo corregir en mí."

Autor desconocido.

La naturaleza

Somos parte de la naturaleza de la tierra, de los animales y de todo lo que existe. La naturaleza irradia energía que es necesaria para el funcionamiento del ser humano. Está viva, en movimiento, es perfecta.

Si observamos los ciclos que tiene, podremos conocernos más a nosotros.

Como dicen las leyes de El Kybalion, como es adentro es afuera, como es arriba es abajo. Y sí, es verdad, hay que aprender a leer la información que nos da la vida misma, en los árboles, los ciclos del agua, las estaciones del año, la relación que tenemos con la Luna, con los astros, con los animales. Cada uno de ellos y de sus elementos nos llenan de sabiduría y de códigos para "entendernos" mejor en nuestros estados como humanos.

Me sorprendió una vez que tuve el placer de conocer a un guardián del bosque, chamán y gran amigo, que me comentó si yo sabía algo acerca del mundo de los hongos. Yo con mi cara un poco tímida y con pena, le comenté que no tenía información.

Cuando comenzó a explicarme de manera esencial çómo es el mundo por debajo de la tierra, todo lo que tiene que pasar para que esté preparada y recibir una semilla y poder dar frutos, las funciones que tienen los hongos para que esto suceda, los tipos de hongos que hay, fue un viaje para darme cuenta todo lo que existe en mis narices y no tengo el conocimiento. No tengo la información para poder admirarme cada vez más de todos los elementos que conforman un Todo para que Yo, también esté aquí. Todos tenemos una función especifica en la Tierra que venimos a experimentar y manifestar, como seres humanos contamos con muchas oportunidades para poder obtener esa información y utilizarla a nuestro favor para conocernos mejor.

La tierra de manera natural está acomodándose, alineándose, está haciendo su trabajo de regeneración. Los huracanes limpian, lavan, sanan, todo lo que a su paso lleva. Ayudan a transformar. Y así, nos podemos ir con todas las cosas que "juzgamos" como "malas" y que, realmente tienen una función más allá de nuestra mirada, a veces limitante, que perjudica a nuestra conveniencia.

Pongamos el ejemplo de un terremoto. Nosotros los humanos lo juzgamos como un acontecimiento "malo" y no queremos que suceda porque nos "molesta", pero olvidamos que el planeta se regenera de formas increíbles siguiendo su propia esencia.

Observar la naturaleza es de las mejores herramientas de autoconocimiento que podemos tener. Vean la perfección de las hojas, su perfecta simetría, geometría sagrada en cada una de sus formas, las flores, desde su perfume, sus tallos, sus colores y cómo se prestan para continuar procesos de polinización junto con las abejas, los pájaros etcétera. Todo está en perfecta sincronía para que funcione este programa natural de formas inexplicables, a través de procesos cíclicos de nacer, nutrir, crecer y morir.

Los árboles, que de una semilla tienen todo el código de lo que ES, es sembrada en tierra fértil, con los elementos adecuados para que crezca (agua, Sol, sombra, aire); crece echando sus raíces debajo de él y teniendo la fuerza necesaria, creciendo hacia arriba así como creció hacia abajo, para que nazcan sus frutos, dejando a su paso toda una vida que vuelve a repetirse con esa nueva semilla, y si es sembrada de nuevo, nacerá, se nutrirá, crecerá y dará fruto de igual manera.

Nosotros, somos esas semillas que hacemos lo mismo, nos nutrimos, crecemos, florecemos, damos fruto y nos morimos. Siendo la muerte un proceso natural de la vida, donde realmente las creencias que se tienen en el sistema acerca de la muerte es distinta a lo que sucede en nuestra esencia; echando raíces en nuestra vida, para poder crecer fuertes y dar esos frutos. Somos seres cíclicos, y como el agua, solamente cambiamos de estado, cambiamos de coordenada, siendo nuestro SER infinito y consciente de lo que somos.

Las estaciones del año son una magnífica forma de codificar los estados que pasamos en el camino de autoconocimiento, podemos aprender de ellas y tener más compasión y gentileza con nosotros mismos, además de respetar conforme vamos avanzando.

La primavera es cuando sale el Sol, estás renovado, haces florecer a tu SER, tus proyectos, sales del estado de obscuridad que dejó el invierno para renacer en la luz.

En el verano, disfrutas de un estado radiante, con la lluvia y el aire que le da a todas las semillas la posibilidad de crecer y que nos hace ver nuestra manifestación.

El otoño se trata de soltar con autonomía así como las hojas de los árboles se sueltan con desapego y facilidad, pues saben que ya no pertenecen ahí, la soltura, el fluir, entender que acabó un ciclo, dejar que se vaya lo que ya no sirve.

El invierno es un estado de invernar, de guardarse, de estar en silencio, en introspección. Permitirnos estar en la obscuridad y descubrirte en un viaje dentro de ti. Me llama la atención que esta época del año nos invita a evaluar, sentir, a resguardarnos, mantenernos en la oscuridad y estar con nosotros mismos, pero el mundo hace todo lo contrario. Es la época donde hay más fiestas, ruido, luces, gastos, compromisos y regalos.

Eso me invita a pensar todo lo que hemos creado para evadirnos y cuestionarnos sobre la desconexión con nosotros mismos y lo que hemos creado para eludirnos.

Así como el ejemplo de las estaciones del año, podemos encontrar muchas otras formas orgánicas y simples que nos otorguen información para nuestra evolución, solo se trata de ser consciente de la información y darnos cuenta que ahí siempre ha estado todo para poder vivir desde nuestra mismidad en plenitud y elevando nuestra consciencia.

Filosofía

Filosofía significa amor por la sabiduría, adoptar un pensamiento filosófico en nuestra vida, nos permite aprender y adoptar diferentes formas para tener pensamiento crítico e ir formando nuestra propia filosofía de vida.

Confrontar, poner de frente cuestionamientos, atreverte a estar contigo y poner de frente tus creencias y evaluarlas, son prácticas que filósofos nos han compartido a lo largo de la historia del ser humano y siguen vigentes en nuestros días.

Ellos, siento, que son los artistas de la sabiduría. Que por medio de confrontaciones, cuestionamientos y pasión por aprender más, nos han heredado legados informativos que han dejado una impronta en la humanidad.

Uno de los filósofos que me ha dejado huella es Platón, con su relato conocido como "La caverna de Platón". El mito es una alegoría sobre la realidad de nuestro conocimiento. Platón lo crea el mito para mostrar, en sentido figurativo, que nos encontramos encadenados dentro de una caverna, desde que nacemos y cómo las sombras que vemos reflejadas en la pared componen aquello que consideramos real.

Platón (428 a. de C.-347 a. de C.) también usa esta alegoría para explicar cómo es para el filósofo y maestro guiar a las personas al conocimiento (educación), intentando liberarlas de las ataduras de la realidad de la caverna. Según este filósofo, la gente llega a sentirse cómoda en su ignorancia y puede oponerse, incluso violentamente, a quienes intentan ayudarles a cambiar.

En este diálogo, Sócrates pide a Glaucón que imagine a un grupo de prisioneros que se encuentran encadenados desde su infancia detrás de un muro, dentro de una caverna. Allí, un fuego ilumina al otro lado del muro, y los prisioneros ven las sombras proyectadas por objetos que se encuentran sobre este muro, los cuales son manipulados por otras personas que pasan por detrás.

Sócrates dice a Glaucón, que los prisioneros creen que aquello que observan es el mundo real, sin darse cuenta de que son solo las apariencias de las sombras de esos objetos. Más adelante, uno de los prisioneros consigue liberarse de sus cadenas y comienza a ascender. Este observa la luz del fuego más allá del muro, cuyo resplandor le ciega y casi le hace volver a la oscuridad.

Poco a poco, el hombre liberado se acostumbra a la luz del fuego y, con cierta dificultad, decide avanzar. Sócrates propone que éste es un primer paso en la adquisición de conocimiento. Después, el hombre sale al exterior, en donde observa primero los reflejos y sombras de las cosas y las personas, para luego verlas directamente.

Finalmente, el hombre observa a las estrellas, a la Luna y al Sol. Sócrates sugiere que el hombre aquí razona de forma tal que concibe a ese mundo exterior (mundo de las ideas), como un mundo superior. El hombre, entonces, regresa para compartir esto con los prisioneros en la caverna, ya que siente que debe ayudarles a ascender al mundo real.

Cuando regresa a la caverna por los otros prisioneros, el hombre no puede ver bien, porque se ha acostumbrado a la luz exterior. Los prisioneros piensan que el viaje le ha dañado y no desean acompañarle fuera. Platón, a través de Sócrates, afirma que estos prisioneros harían lo posible por evitar dicha travesía, llegando a matar incluso a quien se atreviera a intentar liberarlos. [4]

Fuerte confrontación con lo que pasa en la realidad y en nuestros tiempos. Hay personas que no quieren ver mas allá y considero que de acuerdo a quienes son y donde están, es parte de su desarrollo evolutivo. Así que solo nos muestra que todos estamos en diferentes estados y a mí me hace comprender que mis experiencias son mías. Y que lo que generan en mí es solo una verdad creada para mí. Aprendí a dejar de juzgar al otro y que si yo veo algo diferente que el que está a mi lado, lo respete pues está viendo lo que quiere ver.

Otro frase que me ha cautivado es la de "Yo solo sé que no sé nada y entre más conozco, más me doy cuenta que menos sé." Y me encuentro con la sorpresa que pensé que la había dicho Aristoteles y me hicieron la connotación que esta frase fue dicha por Platón sobre Sócrates, pero que no que se encuentra fácilmente. De igual manera la quiero rescatar pues creo que está muy atinada a lo que quiero comentar.

La sabiduría que nos comparte esta frase nos ayuda a entender que no tenemos idea de lo que hay en nuestro mundo, en el universo o en el cosmos. Solo percepciones y especulaciones de nuestra propia construcción de la realidad y la verdad que es para nosotros.

Estamos encontrando información en nuestro camino y buscamos estas conexiones, frecuencias y personas que nos van dando información de lo que queremos recordar. Pero yo estoy de acuerdo: "Yo solo sé, que no sé nada".

CHOMSKY, habla de la educación, diciendo:

"El propósito de la educación es mostrar a la gente cómo aprender por sí mismos. El otro concepto de la educación es adoctrinamiento"

Como apasionada de la educación, reconozco que eso es algo que hay que compartir con otros formadores.

Aquel que quiera aprender, que lea, experimente, investigue, para que así integre el conocimiento.

El AUTOSER te acompaña a que tú seas el creador de tu propia filosofía, aprendiendo a acceder a la información y a construir tus propias realidades.

Desaprender para aprender

Este termino lo escuché por primera vez de Enric Corbera y fueron de las cosas que me hicieron adentrarme en sus conceptos y estudiar el Postgrado de Bioneuroemoción.

"Desaprender para aprender" es un arte que podríamos describir como "destruir para construir", "morir para renacer". Es un ciclo como el de la naturaleza, donde si liberamos nuestras creencias y apegos, así como los árboles sueltan sus hojas en otoño, podremos ir cambiando nuestras formas de pensar, de sentir y de vivir. Siempre para avanzar y para tener una mejor versión de nosotros mismos, confiando en nuestra intuición y en nuestro cuerpo que nos dice qué sí y qué no, eliminando el miedo de nuestras vidas, podemos cambiar aquello que sabemos que nos está deteniendo o frenando para nuestro desarrollo evolutivo.

Desapegarme de todo lo que es externo a mi, para convertirme en todo eso dentro de mí.

Ya integrado, estar listo para compartirme con los demás, pero desde esta construcción desapegada.

Si estás en un apego con tu pareja, estarás reflejando una experiencia de celos, incertidumbre, miedo, dependencia etcétera. Si vives una relación sin apego, te compartes desde tu propia esencia sin esperar nada a cambio, solo experimentando en el otro en amor y reflejando eso que tengo yo en mi pareja. En dualidad.

El apego a las cosas materiales, nos tienen viviendo en un sistema lleno de envidia, poder, carencia, dolor, reconocimiento. Y si simplemente nos desapegamos de eso que deja de ser necesario en nuestras vidas, en consciencia de ser coherente con lo que deseo, sería un mundo distinto, con otra intención. El miedo es una constante que nos impide avanzar en este estado de desaprender para aprender.

Una vez, una persona muy querida me contó que el vocalista de una banda de rock muy famosa, decía que, cuando estuvieras ante un suceso donde tienes miedo, te sudan las manos o sientes frío en tu cuerpo, es porque algo grandioso está por sucederte.

Esas palabras me llegaron al corazón, pues toda mi vida, viví con miedos a la muerte, a las víboras, a las alturas, a la velocidad, a las enfermedades, a la locura, a sufrir. Vivía con temor a la vida. Con ese temor de estar pensando cosas que solo estaban en mi mente. Y comencé a darme la oportunidad de vivir de forma distinta, sin pensar en los miedos como esa sensación que paraliza, sino como la sensación de tener la oportunidad de atreverme a hacer algo que me va a dar libertad y una experiencia diferente, a quitarme una idea limitante y transformarla con la apertura de experimentar cosas diferentes para transformar mi creencia de lo que tenía en mi historia.

Fue así que empecé a vivirlo con cada miedo que recordaba que había tenido y que tenía la oportunidad de vencerlo, enfrentarlo y crear una realidad distinta. Las creencias que he transformado han sido ya incontables, y me han permitido liberarme y hacerme una filosofía propia de vida, con mis confrontaciones, no por una imposición de alguien o algo más, sino desde mi propio deseo, desde donde estoy.

Les comparto una experiencia muy fuerte en mi vida. Venía llegando de un viaje muy intenso que hice a Egipto, donde fui sola a un evento y moví mucha energía, emociones y recuerdos. En este viaje experimenté muchos cambios en mi percepción de creencias, que comentaré próximamente en el capítulo de la Manifestación.

El mismo día que aterricé en mi ciudad, mi mamá me habló por teléfono, diciéndome que ya había iniciado un proceso de muerte y que hablaba para despedirse de mí. Se sentía muy mal físicamente y yo no estaba sensible de lo que le estaba pasando, pues venía llegando del viaje donde no había tenido comunicación con ella. La relación que he llevado con mi mamá, siempre ha sido muy cercana, y cuando la escuché, mi reacción y sentimiento, fueron algo que nos sorprendió a todos. Me despedí de ella, la tranquilicé, le hablé de una forma liberadora para que no tuviera apegos y compromisos de quedarse. Fue un estado de agradecimiento total, de mucho amor y contención. La historia que después pasó, es que quedó inconsciente en la carretera, la enviaron a un hospital donde se recuperó favorablemente y sigue disfrutando de la vida hasta el momento.

Lo que es increíble, es la forma en que me sentí ante el suceso. Con desapego, amor y gratitud. En otro momento de mi vida hubiera sido un estado de tristeza, enojo, susto o algunos otros elementos que seguramente hubieran sido muy distintos a lo que ocurrió.

Esto me dio la oportunidad de comprobar que si vivimos con desapego ante las personas o las cosas, encontrando plenitud en nosotros mismos, vamos a disfrutar una vida sin control y con libertad.

Por eso el título de desaprender para aprender, espera darnos esta oportunidad de cambio, de enfrentar, de probar cosas distintas que nos están molestando o con las que nos sentimos incómodos y hacerlo de manera diferente.

La muerte

Uno de los mayores apegos de la humanidad es a la vida, nos aferramos a esto que conocemos, que queremos seguir experimentando y no queremos perder.

La muerte es un tema al que desde pequeña le tuve tuve miedo y que mis temores a lo largo de mi vida han sido por ese terror tan grande de morirme. La verdad es que no me cuestionaba acerca de dónde iba a irme cuando me muriera, más bien, mis miedos, eran encontrarme sola en un lugar y estado desconocido.

Comprendí que estaba apegada a la vida y que cualquier cosa que atentara contra ella me provocaba un estado de desequilibrio y ansiedad. Con el paso del tiempo puede darme cuenta que solo eran creencias que había construido por mi manera de vivir.

La muerte es solo cambiar de estado de consciencia,
es un paso más de la vida.

Cuidar este cuerpo que tengo, cuidar mi mente y estar viviendo en un estado pleno me va a llevar a disfrutar más este momento que tengo de vida, y que eso es lo que realmente quiero, recordando que todos los estados de consciencia son perfectos y que depende de mi construcción de creencias, es cómo voy a disfrutar de la vida que hoy tengo. Hay que desapegarnos de la vida.

Este tema en algunos casos nos incomoda, y solo por eso hay que ponerle atención. Hay que cuestionarnos qué es eso que necesitamos voltear a ver y dejarnos guiar. No hay que evadir la incomodidad, la ansiedad o el miedo; hay que enfrentarlos, es la mejor oportunidad de hacer cambios en nuestra vida.

Los conceptos de rendirte, soltar el control y fluir en la vida te dan la oportunidad de vivir en libertad y disfrute. Para llegar a esa consciencia hay que descubrir dentro de nosotros que la muerte es solo parte de la vida.

> ## La muerte es una experiencia más de esta humanidad y deja de ser un suceso donde "acaba todo", más bien comienza otro estado del SER.

Carencia

La carencia es un estado mental, viene del alma. Si reconocemos que somos los creadores de nuestra realidad, entonces, ¿qué carencia puedo tener? Ninguna. Estoy siendo el director de la película ¿recuerdas? Soy abundancia. Soy todo lo que decido ser.

Así que yo puedo llenar lo que deseo sin carencia. Y eso deja de limitarse al tema económico, puedo tener todo el dinero del mundo y aún así, tener carencia en el amor, en la compañía, incluso en la libertad.

Hay personas que no tienen una cantidad de dinero abundante y no tienen carencias. Al igual que todo, son creencias que vamos poniendo en nuestro programa y que hay que dejar atrás.

La naturaleza jamás nos ha dejado de proveer de plantas, de Sol, de aire, de agua, es abundancia plena. Y nosotros lo somos igual. Las carencias las programamos según nuestro sistema de creencias. Así que depende de nosotros eliminarlas y volvernos abundancia plena.

Abundancia de amor, de salud, de dinero, de gracia, de energía, de conocimiento… tú lo creas.

Tú creas la abundancia en tu vida.

Cuando hay vacíos, hay que crear.
Así que, tú decreta lo que quieres crear desde tu mundo y realidad.

Dolor

Este ha sido un tema que a lo largo de este camino de consciencia y auto conocimiento me ha tocado explorar, pues por supuesto que es un estado que enjuiciaba como malo, algo por lo que no quiero pasar y a lo que le tenía miedo.

Siempre hemos evitado el dolor propio y el de nuestros seres queridos, pues es una reacción que nos hace pensar que así estamos mejor.

Cuando estaba en una confrontación personal, decía que podíamos aprender de la misma manera en amor que en dolor, que el dolor no era necesario para darte cuenta de las cosas.

Y lo que he aprendido es que prefiero dejar de enjuiciar la forma en la que cada quien aprende, y que si tenemos dolor, hay que aprovecharlo y aprender de él como nuestro gran maestro.

Cuando estamos en una crisis ya sea física, sentimental, mental o espiritual, es una gran oportunidad de sanación para enfrentarnos a ese dolor, a eso que nos está lastimando, por lo que estamos pasando.

Estamos en un estado donde hay que pedir ayuda en nuestra caja de herramientas en nuestro poder, estar alertas y abiertos a descubrir aquello que este dolor nos viene a mostrar de nosotros. Eso que queremos evitar y se nos muestra de formas que no podemos evadir. Que tenemos que enfrentar.

Cuando nos enfermamos o nos duele algo del cuerpo, hay que ver el ¿por qué? ¿qué nos viene a decir, de lo que estamos sintiendo? Todo tiene un código en nuestro programa, cuando algo duele, es por una razón específica. Aprender a leer el dolor es una maravillosa herramienta de consciencia.

Si perdemos a un ser querido por muerte, si tenemos una decepción amorosa que nos desgarra el corazón, si perdemos un trabajo, o si tenemos alguna circunstancia que nos lastimó, hay que capitalizar esas experiencias y utilizarlas a nuestro favor.

Es como negar que existe la oscuridad, si es lo que hace que haya luz. Hay que dejarle paso al dolor para poder experimentar la plenitud, sin juzgarla y sin evitarla.

Utilizamos sólo una pequeña parte de nuestra sensibilidad, mente y conexión. Cuando nos sucede algo doloroso, nos acerca a buscar otras posibilidades de apertura para cambiar esa sensación.

El dolor es un gran maestro, hay que aprender de él. Es inevitable. Es parte de la experiencia humana. Es el sufrimiento el que podemos evitar.

El arte

El arte es una forma de expresión que tiene el ser humano para poder descargar las emociones, las experiencias y comunicar desde un lenguaje que conecta con más estados del SER.

Es una conexión en donde bailas, cantas, pintas, actúas, recitas, escribes, etcétera. En donde estoy convencida que sanas por dentro. Suma que a esas expresiones que tu Ser manifiesta, las compartes y haces que el otro conecte con tus sentimientos y emociones para que se genere una resonancia.

Si nos acostumbramos a tener una libreta en nuestro buró de la cama y escribimos todas las noches antes de dormir, podríamos descargar nuestros estados emocionales y despertar desde otro estado.

Simplemente con hacer esta acción, estamos sanando nuestro SER. Si tomas clases de dibujo, pintura, baile, descargas tus estados emocionales, te sanan por dentro.

Todos nos podemos manifestar escribiendo, pintando, dibujando, bailando, componiendo música, letras, cantando y expresando esto que tenemos dentro y que queremos poner afuera.

El significado de la palabra arte es "habilidad, técnica". Y nos permite expresar de forma libre y creativa nuestras emociones. Tocar instrumentos nos hace conectar con las vibraciones y frecuencias, concentrarnos, coordinarnos y expresarnos. Conocernos más a fondo, por medio de la escritura, nos permite bajar la información a través de la mano. Nuestra mente baja a la mano y al papel. No importa si los resultados se publican, se guardan o se queman.

El arte tiene por objetivo provocar ciertas emociones, expresarlas, experimentarlas, activarlas, comunicarlas y compartirlas. El arte lleva al desarrollo integral de la persona. El arte es una forma terapéutica, el arte – sana. Aumenta la capacidad de memoria, atención y concentración. Leen mejor y tienen mejor rendimiento en clases de matemáticas y ciencias. Activa la creatividad y la potencializa. Nos ayuda a equilibrar las emociones, a sensibilizar los sentidos.

Hay que animarnos a experimentar el arte, que podamos hacer algo aunque "pensemos" que no sabemos hacerlo. En la pandemia, cuando estuvimos encerrados en nuestras casas, el arte nos ayudó a muchas personas a equilibrarnos. Los libros, las películas, las canciones y la música nos ayudaron a vivir el arte como algo sanador.

Se consciente de tus talentos y de tu gracia

El talento, según Ángel de Luna, es la fusión de patrones de pensamientos, sentimientos y comportamientos que al ejecutarse y repetirse de manera natural, logra que los individuos puedan expresar satisfacción, felicidad y alegría a través de su actividad. Los talentos de cada persona son permanentes y únicos, se busca aplicarlos por patrones de manera individual y productiva.

Él comparte que, «Si las personas se dedicaran a hacer las cosas para las cuales son naturalmente aptas, serian naturalmente felices.»

Si llevo un proceso en la manifestación de mis talentos, con orden disciplina y constancia, puedo conocerme y cumplir mis deseos más fácilmente. Primero, ubico mis patrones de recurrencia reconocidos y ocultos. Esto lo puedo hacer a través de test de talentos que me arrojan información de qué patrones predominan en mí.

Luego me dedico a nutrirlos, ejercitarlos y así, el talento se convierte en fortaleza. Primero es una acción, que se convierte en habilidad, luego en talento, después fortaleza hasta llegar a la máxima, la gracia, un estado donde reconoces tu divinidad en tus manifestaciones, un estado ensimismado del SER en donde tú eres tu propia inspiración.

Esa gracia te permite estar en plenitud contigo. Vivir en estado de gracia es un estado profundo del SER donde reconoces que tú eres el único que produce este estado. Es encontrar tu carisma, que su significado es agradar, tener el sentido de agradarme a mí , tener carisma conmigo y vivir en ese estado de gracia. Recuerda, como es adentro es afuera.

Si ejercitamos nuestros talentos y los manifestamos en estado de gracia, siendo agradecidos y conscientes, puede provocar muchas cosas en nuestra manifestación. Haces magia pura conectando con tu divinidad, la máxima expresión del SER.

Sonríe, vibra en frecuencias elevadas y eso es lo que vas a atraer. Haz alquimia, transforma tus emociones para que, junto con tus talentos, puedas manifestarlos de forma también elevada.

Sexualidad

La sexualidad es un condicionamiento humano que dependiendo de la cultura, religión, historia familiar y experiencias de vida, hacen que tengamos distintas miradas de esta energía. Normalmente está controlada por las religiones y paradigmas que nos han construido a lo largo de la historia, y son de los temas que han causado diferencias y problemáticas entre los seres humanos debido a la gran carga energética que contiene.

Según varias culturas del mundo, la sexualidad tiene un gran poder. Ese poder que el humano descubre a través de las diferentes sensaciones, emociones y descargas energéticas.

Existen diferentes prácticas para potencializar esta energía y llevarla a cabo de acuerdo a tu propia historia. Cada quien decide cómo sentirla y ese no es el tema que voy a abordar desde esta mirada. Lo que me interesa compartir, es la importancia de hacer consciencia de lo que en nuestra vida impacta esta energía.

¿Qué tanto conozco del tema, que me da miedo, que jamás me he cuestionado, que me gustaría experimentar y no me atrevo por juicios, que quiero vivir y dejo de cuestionarlo por mis paradigmas que sigo cargando a lo largo de mi vida? Y también cómo he vivido mi sexualidad y cómo me ha afectado eso, cómo lo puedo transformar para utilizar esta energía a favor de mi expansión de la consciencia y no solamente como experiencia física humana.

Hay influencias biológicas que me hacen experimentar mi sexualidad, si soy hombre o mujer, la influencia hormonal, la cuestión genética, o simplemente las preferencias que tenga para experimentarla.

Hay influencias sociales, que dependiendo del lugar geográfico donde esté viviendo, son las prácticas sexuales que me familiarizo para experimentar.

También hay influencias gracias a la comunicación globalizada que tengo por la tecnología y el acceso a información cada vez a edades más tempranas.

Por eso digo que la sexualidad es condicionamiento humano, nos condiciona a actuar, a tomar decisiones, a querer experimentar, a vivir emociones que afectan de cualquier modo a mi vida.

Es tan poderosa, que se vuelve en muchas ocasiones, el motor de algunas personas para volcarse en una evasión para convertirla en adicción a dicho placer, que mientras más experimenta sensaciones más quiere, buscando diferentes estrategias para sentirlas fuera de sí mismo y que si no se hacen de forma consciente y con dolo, es cuando esta energía se distorsiona.

Es por eso que la industria de la pornografía y la sexualidad es tan reditable y se consumen tanto, pues en esta búsqueda de sensaciones y de experiencias fuera de nosotros, hacemos que cada vez se convierta en una necesidad condicionada.

Investigando acerca de las diferentes prácticas sexuales, encontré un libro llamado "El amor curativo a través del Tao", y ahí aprendí cómo esta energía nos puede conducir a prácticas sanadoras a partir de la sexualidad. [5]

Jing: Energía generativa o creativa. Es la substancia más refinada con que nace una persona. También se conoce como "Energía Principal", ya que es imprescindible para realizar las funciones del cuerpo. Todas las demás energías del cuerpo dependen de la energía Jing, que se convierte en Chi o fuerza vital cuando actúa con los órganos vitales. La conservación y nutrición de la energía Jing es la base de las prácticas Internas Taoístas. Se acumula en todos los tejidos vivos, especialmente en los riñones, el esperma y los óvulos.

Ching: Energía esencial. Ching es la energía producida por los órganos sexuales. En las mujeres, es la energía de los ovarios; en el hombre, la del esperma. La energía Ching es más densa que la Chi y, por consiguiente, se mueve con más lentitud cuando circula por el cuerpo. Cuando circula la energía Ching por el cuerpo, los órganos se revitalizan y se nutren.

Mover esa energía desde pequeños, conocernos, explorar y dejarnos sentir es completamente natural para la condición humana. Y si tuviéramos mayor libertad para tener esas prácticas con nosotros mismos, podríamos eliminar el abuso de situaciones violentas o limitadas que nosotros mismos nos provocamos por ese control inconsciente que nos han hecho sentir.

Cuando logras un equilibrio de las energías, prácticas, de tu propia sabiduría para experimentar de forma consciente la sexualidad, puedes maximizar su poder que existe dentro de ti.

Energía femenina y masculina

Tanto los hombres como las mujeres tenemos energía femenina y masculina que nos hacen armonizar nuestro cuerpo, alma y espíritu.

Estas energías, mientras más equilibradas estén, mayor armonía tendemos en nuestros 6 campos del SER.

Actualmente, por cuestiones culturales, históricas y de cambio sociales, estamos viviendo una revelación del género femenino en dónde están en la búsqueda de un equilibrio de ambos géneros. Y es por eso que se están manifestando muchos movimientos para conseguirlo.

Yin yang es un principio filosófico y religioso que explica la existencia de dos fuerzas opuestas pero complementarias que son esenciales en el universo: el yin, asociado a lo femenino, la oscuridad, la pasividad y la tierra; y el yang, vinculado a lo masculino, la luz, lo activo y el cielo.

Si dejamos de luchar y dejamos de ver las diferencias entre los géneros, y comprendemos que somos complemento de energías, podremos pasar a un nivel evolutivo entre la sociedad de mayor paz.

Aquí les comparto algunas de las características de ambas energías que ambos géneros tenemos en nuestro SER. El equilibrio de ambas es lo que nos va a dar una plenitud en nuestras acciones, roles y decisiones que hagamos en nuestro día a día.

Energía femenina

Creatividad

Atracción

Creadora

Emocional

Belleza

Sensual

Suave

Canal que atrae la divinidad al cuerpo físico

Noche

Luna

Pasividad

Adentro

Lado izquierdo

Nutrición

Intuición

Cooperación

Cuidado

Inspiración

Comunicación

Energía masculina

Mental

Racional

Rígido

Deber

Competencia

Hacer

Obligaciones

Acción

Viajar

Comprar

Defender

Proteger

Luchar

Cazar

Análisis

Lado derecho

Sol

Día

Tips prácticos para elevar tu energía

1. Meditar.

2. Caminar descalzo en el pasto.

3. Respirar de forma consciente.

4. Abrazar un árbol, sentarte en el bosque o en el parque, frente al mar, conectar con la naturaleza.

5. Agradecer, siempre agradecer.

6. Decir el Hoponopono "lo siento, perdón, gracias te amo".

7. Escribir.

8. Descansar.

9. Ser consciente del momento PRESENTE.

10. Poner música en 432 htz.

11. Caminar.

12. Bañarte.

13. Sensibilizar tus sentidos (poner incienso o aromas, el espacio donde estés sea cómodo, si vas a comer algo que sea algo que te guste, que los colores con los que te vistas te sientas cómodo.

14. Ponte a barrer, lavar trastes o limpiar.

15. Como es adentro, es afuera, acomoda tu espacio, dale orden, así tendrás eso mismo dentro de ti.

16. Sonríe, desde adentro hacia afuera, y verás lo que recibes a cambio.

17. Dejar de ver para observar.

18. Dejar de oír para escuchar.

19. Dejar de oler para olfatear.

20. Dejar de hablar para orar.

21. Dejar de tocar para sentir.

22. Estar rodeado de personas que sumen a tu energía, sin quejas, culpas o malas noticias

23. Evitar leer noticias o películas que tengan violencia

24. Estar solo.

25. Eliminar los pensamientos que pasen por nuestra mente.

26. Hacer un diagnóstico rápido de tus 6 campos del SER y armonizarte.

27. Sentirte.

28. Hacer algo que te guste hacer.

29. Leer algún libro de tu interés que te provoque paz.

30. Evitar el contacto con teléfonos celulares, computadoras o televisión.

Constelaciones familiares

Siguiendo con los temas de la energía y frecuencias energéticas, una de las herramientas que me parecen muy valiosas de explorar, son las constelaciones familiares, son procesos terapéuticos que nos ayudan a trabajar la parte más profunda de nuestra consciencia.

La teoría sobre la que se basa esta técnica, es que las personas poseemos ciertos anclajes negativos inconscientes, que nos transmiten sentimientos dolorosos y de los cuales a veces no sabemos desprendernos. Estos anclajes nos conducen a menudo a reproducir determinados comportamientos o vivir ciertas situaciones negativas de forma repetida, sin que sepamos cómo solucionarlo.

Bert Hellinger, psicoterapeuta alemán y ex sacerdote, desarrolló este método a mediados de la década de 1980 y es el fundador de la técnica. A lo largo de su trayectoria ha tratado y estudiado a familias durante más de 50 años, y observó que muchos de nosotros utilizamos inconscientemente patrones familiares destructivos que nos conducen hacia la ansiedad, la depresión, la ira, la culpa, la soledad, el alcoholismo e incluso la enfermedad como una forma de "pertenencia" a nuestras familias. Su teoría es que, unido por un amor profundo, un niño a menudo sacrifica sus propios intereses en un vano intento de aliviar el sufrimiento de un padre u otro miembro de la familia. [5]

Las Constelaciones Familiares nos permiten romper estos patrones para que podamos vivir de una forma consciente, sana, feliz y sobretodo plena. Este proceso es eficaz en cuestiones de naturaleza sistémica. Esta terapia ayuda a resolver problemas familiares y a encontrar significado y propósito en la vida, además de resolver las cuestiones personales.

El proceso de Constelaciones Familiares funciona en muchos niveles simultáneamente, trabaja a un nivel profundo, como la hipnoterapia. Según Hellinger, la energía que estamos tratando aquí es principalmente la energía del alma. Cuando lo vives y experimentas deja de haber una explicación mental. Asiste a una sesión y verás cómo fluye la energía de nuestra sabiduría del SER.

Textos anónimos

Leí estos tres textos de unos autores desconocidos, que me parece de mucho valor compartirlos en estas líneas.

Texto 1
Principios sencillos para avanzar en este camino

1. Cuando sabes dónde vas, el universo te abre camino.

2. Tus errores son tus grandes maestros. El único error posible es no seguir tu voz interior.

3. Aunque tengas miedo, hazlo igual. Pase lo que pase, estás condenado a aprender.

4. Cuando te haces consciente de algo, te desapegas de ello.

5. Los juicios que hacen de ti, expresan más de ellos que de ti mismo.

6. Si no haces algo por miedo, habrás fracasado antes de empezar.

7. No preguntes, tú eres la respuesta.

8. No es ni bueno ni malo, es perfecto.

9. Aquello que te resuene, es un compromiso con tu alma.

10. La única relación que tienes que sanar, es contigo mismo.

11. Querer cambiar para cambiar al otro, te mantiene en el problema.

12. A través del amor, iluminamos el mundo.

13. Tú ya lo tienes todo.

14. No hay nada que lograr, nada que demostrar.

15. No se trata de no hacer nada, se trata de hacer aquello que sientas que tienes hacer.

14. No huyas: muévete. No busques: experimenta. No vayas: sé tu. No preguntes: tú eres.

15. Ama lo que haces y lo que haces te amará cien veces más.

Autor desconocido.

Texto 2
La Observación

Tener una mente positiva no se trata de tener pensamientos perfectos todo el tiempo. La gente positiva también tiene pensamientos negativos, la diferencia es que ellas vigilan para que las nubes de la negatividad no saturen sus cabezas.

Resulta que la mayoría de las veces no tenemos conciencia de nuestros pensamientos y cuando menos nos damos cuenta, ya estamos inmersos en alguna nube de negatividad.

La observación de los pensamientos te permite tomar las riendas de estos, te permite seleccionarlos conscientemente y superar los momentos en donde surjan pensamientos "negativos".

No en el sentido del control, sino de tomar conciencia.

El simple hecho de observar nuestra mente, nos hace más fácil el proceso de lidiar con nuestros pensamientos.

La luz que se enciende dentro de ti, aleja las sombras.

Al estar más consciente de tus pensamientos y sentimientos, podrás producir el equilibrio interno que estás buscando, incluso en los momentos más difíciles.

El milagro ocurre al observar tus pensamientos, mientras observas, te vuelves más fuerte internamente, porque comienzas a darte cuenta de que no eres tu mente, la mente es solo una herramienta de creación, como también lo es tu cuerpo.

El observador se vuelve tan fuerte que puede permanecer en paz dentro de sí mismo ante cualquier situación externa.

Observa tus pensamientos, sentimientos y estados de ánimo. Observarse a sí mismo, es como una vela en una noche oscura que ilumina no solamente lo que está alrededor, sino también a ella misma.

Usa esa energía de observación para transformar tu ser.

La observación afilará tu conciencia.

Entre más familiarizados estemos observando nuestra mente, más cerca estaremos de encontrar una solución a cualquier aparente problema que podamos enfrentar.

Autor desconocido.

Texto 3
El arte de fluir

Estás en el momento más imperfecto de tu vida...
¡Deja que suceda!

Estás llorando..
Deja que se moje tu rostro y tus ojos se vuelvan dos cristales,
serán la ventana más limpia de tu alma.

Estás temiendo..
Deja que el temor te guíe, te muestre y te haga ver la luz.

Estás en el fondo..
Disfruta ese lugar vacío y sin ruido tal vez te permita escuchar la música de tu corazón.

Estás en soledad..
Deja que la soledad te acompañe, te abrace y se convierta en una linda amistad.

Estás en desamor..
Déjate sentir las consecuencias del amor, disfrútalo como la medicina que fortalece y revitaliza.

Estás en carencia..
Aprende a estar en la nada para cuando lo tengas todo, no olvides nunca quien fuiste.

No vayas contra la marea, fluye con ella.
Déjate sentir, permítete vivirlo como una perfecta armonía.

¿Y si en lugar de poner resistencia, te permites fluir?

Cuando fluyes con todo, creas una paz mental que hace que el bienestar se instale en tu corazón.

Autor desconocido.

Frecuencias energéticas

La energía es para mí, una clave para entrar a este proceso de autoconocimiento, pues como sabemos TODO es energía, y poder sentir su medición en tu cuerpo, es de mucha ayuda.

Aprender a sentirme, a hacerle caso a mi cuerpo dependiendo de lo que estoy viviendo, ser consciente de cuándo lo siento, cómo, qué temperatura, en dónde lo siento, me han dado la pauta para conocerme y tomar decisiones acerca de lo que voy viviendo.

Aprendí a generar mi propio sistema de evaluación y medición energética. Un poco de intuición, de sensibilización y de energía sutil, es lo que aprendí de este sistema "energético - sensible".

Aquí, a la mente no la puedo dejar entrar, pues si lo hace será con juicios o elementos aprendidos que me contradicen y confunden a algo que no necesito evaluar con la mente. Es un tema que trata más sobre cómo me siento y hacerle caso a la máquina perfecta que es el cuerpo humano.

De hecho cuando sentimos emociones, el cuerpo reacciona físicamente. Por ejemplo si sentimos ansiedad nos palpita más fuerte el corazón. Si tenemos miedo, nos sudan las manos y literalmente se nos frunce el ano. Es biológico. Está en nuestra naturaleza de cómo el cuerpo nos manda avisos a lo que estamos viviendo.

De hecho el cerebro nos ayuda a generar cortisol para alertarnos de algún peligro y poder reaccionar ; es por eso que entre una situación donde estamos en peligro, nuestro cuerpo corre más rápido, salta más alto y se protege. Por eso cuando estamos pensando constantemente en situaciones que nos angustian o estresan y nos provocan miedo, estamos haciendo que el cuerpo genere cortisol a cada rato y eso hace que nuestro cuerpo se descompense y luego se somatice en enfermedades.

Hay que aprender a conocer estas reacciones corpóreas. Por ejemplo hay gente que cuando habla de algo especifico y se le paran los vellos del brazo, es una confirmación de lo que para esa persona es adecuado o no, o se siente bien o no. Es su método de evaluación. Esta sensación es llamada piloerección.

La mía es el "pechómetro", cuando en mi pecho se siente paz y plenitud, es porque es adecuado para mí. Cuando en mi pecho se siente incómodo y hay cierta molestia, es porque deja de ser adecuado. Otra manifestación de acuerdo a mi personalidad, es poder confiar de entrada en mi sensación inmediata de algo que me haga la confirmación de positivo o negativo. Guturalmente es la sensación de sí o no. Ya la he estado practicando. Cada quien tenemos nuestra propia manera de evaluar esa intuición basada en las sensibilidad corpórea.

Sí hablamos de frecuencias energéticas, hay que mencionar al doctor en Medicina y Filosofía, quien fue director del Instituto para la Investigación Espiritual, y Fundador del Camino de la Devoción a la No-Dualidad. Un reconocido investigador pionero en el campo de la consciencia, así como autor, conferenciante, psiquiatra y científico. Él realizó este mapa de consciencia. Me refiero a David R. Hawkins (1927-2012). El mapa de la conciencia se desarrolló a través de la kinesiología. Se trata de una prueba muscular.

La investigación del Dr. Hawkins descubrió que la respuesta kinesiológica al estímulo puede diferenciar no sólo los estímulos positivos de los negativos (por ejemplo pensar en algo triste hace que tu músculo pierda fuerza mientras que pensar en un momento alegre lo fortalece), sino también lo que es falso de lo verdadero. Siguiendo su método empírico observó que el cuerpo sabe a un nivel subconsciente (¡el cuerpo puede actuar como un detector de mentiras!). Es como si nuestras células estuviesen conectadas al "inconsciente colectivo", al conocimiento universal (lo que algunos conocen como los "archivos akashicos"). [7]

Nivel	Calibración	Emoción	Visión de la vida
Iluminación	700 - 1000	Ilnefable	ES
Paz	600	Dicha	Perfecta
Alegría	540	Serenidad	Completa
Amor	500	Veneración	Benigna
Razon	400	Comprensión	Significativa
Aceptación	350	Perdón	Armoniosa
Entusiasmo	310	Optimismo	Esperanzadora
Neutralidad	250	Confianza	Satisfactoria
Coraje	200	Afirmación	Consetimiento
Orguilo	175	Desprecio	Demandante
Enojo	150	Odio	Antagonista
Deseo	125	Anhelo	Decepcionante
Miedo	100	Ansiedad	Atemorizante
Pena	75	Arrepentimiento	Trágica
Apatía	50	Desesperación	Desdesperanzadora
Culpa	30	Culpa	Maligna
Vergüenza	20	Humillación	Miserable

Durante más de 20 años de investigación el Dr. Hawkins realizó millones de calibraciones de pensamientos, fotos, arte, música y líderes mundiales influyentes en todas las disciplinas. El objetivo era calibrar casi todas las áreas del conocimiento humano y así evaluar su frecuencia.

El mapa de conciencia ofrece 17 niveles. Los distintos estados van desde los más bajos (de menos energía) como lo es el estado de vergüenza, hasta los más elevados (de iluminación). Hay toda una graduación. Por ejemplo, la ira está por encima del deseo, el deseo está por encima de la apatía (es mejor tener deseo de algo, aunque sea malo, que estar en un estado apático).

Cuando somos conscientes de nuestra frecuencia y del estado que nos provoca, podemos armonizarnos y cambiar el estado de formas más rápidas o lentas según sea nuestro deseo. Permanecer o cambiar nuestros estados emocionales sin juicios, pues en el tema emocional tampoco hay emociones buenas y malas, son emociones. Y estamos aquí para experimentarlas y dejarlas sentir, identificarlas y siempre consciente que tenemos la capacidad de determinar el tiempo en el que queremos permanecer en ese estado emocional. Sentirlas y dejarlas pasar. De esta manera podremos dejar de somatizar las emociones en el cuerpo físico.

Es impresionante la energía y su manifestación casi invisible ante nuestros ojos. Recuerdo cuando ví el estudio de Masaru Emoto, conocido como el profeta del agua. Este japonés tiene una misión: convencer al mundo de que el agua es "el alma del universo", de que es conciencia líquida, de que la estructura molecular del agua registra las vibraciones de sonidos, de colores, de formas, de palabras, de emociones y de pensamientos. Según Emoto, el agua graba las intenciones de cada uno. Y se las devuelve. [8]

Experimentaba con cada emoción que le asignaba al agua y veía cómo se formaban de maneras distintas dependiendo de la intención que se exponía. Publicó un libro llamado, "Los Mensajes Ocultos del Agua" donde explica porqué tiene memoria.

Si eso ocurre con gotas de agua, ¿te imaginas lo que ocurre con lo que hacemos con nosotros?

Somos 60% agua, hay una conexión con la memoria que podemos conectar a través de la intención de lo que pensamos, lo que nos decimos, lo que estamos manifestando, sintiendo.

Todo eso, es la energía que estamos conectando y que transforma nuestros órganos, piel, sangre y ADN.

Tenemos la capacidad de poder darnos salud a través de nuestro pensamiento. Solo hay que hacerlo consciente y congruente.

Me acuerdo que la abuela de una vecina muy querida me dijo un día que le hablaremos a las plantas, que así iban a crecer mejor. Ella tenía un árbol de limas que siempre nos daba para que comiéramos en casa. Y decía que ese era su secreto. Les cantaba y les hablaba.

Recomendación de ahora en adelante: háblate bonito, piénsate bonito, siéntete bonito. Imagínate hasta dónde crecerás. Observa qué piensas de los demás, cómo te diriges a ellos, cómo hablas de ellos. Lo que estás provocando en ti y en los otros.

Hay que meditar con los ojos abiertos. Ser conscientes. Las emociones duran poco tiempo y están en continuo movimiento. El sentimiento da una connotación duradera y profunda. Primero se siente la emoción y luego el sentimiento. Conecta con lo que deseas manifestar. Hay estímulos cerebrales que tienen que ver con los estado emocionales que vivimos. En el cerebro hay químicos que si se estimulan diferentes sustancias, se segregan al cuerpo y así generan estados emocionales.

Está la dopamina, oxitocina, serotonina y endorfina. Cada una se puede estimular por medio de diferentes acciones. Por ejemplo la dopamina se estimula durmiendo adecuadamente, celebrando tus logros o haciendo ejercicio. La oxitocina se estimula meditando, haciendo actos de generosidad y abrazando a alguien. La serotonina agradeciendo, disfrutando de la naturaleza y recordando momentos importantes en tu vida. La endorfina se estimula practicando los hobbies que te apasionan, reír, bailar y cantar.

La sensibilidad juega un papel indispensable en este camino de auto conocimiento pues eso hará de nuestras experiencias sensitivas más fuertes. Según expertos de la Sociedad de Antropología Agnóstica, el hombre tiene 49 sentidos. Los que conocemos son el oído, el olfato, la vista, el gusto y el tacto. Son los sentidos sensoriales en el cuerpo. Los sentidos extra sensoriales, como la intuición, precognición, locación, y clarividencia, los hemos escuchado, sin embargo dejan de ser parte cotidiana de nuestras creencias.

Los siguientes sentidos considero que son algo avanzados para este acercamiento de hacerlos conscientes, por lo menos en esta etapa de compartir esta información; sin embargo considero interesante poder saber que existe una extensa data de la cual no tenemos idea y que podemos desarrollar como humanos. Así como dicen que desarrollamos un porcentaje mínimo de nuestra mente y que podemos desarrollar capacidades impresionantes, pasa lo mismo con nuestra sensibilidad.

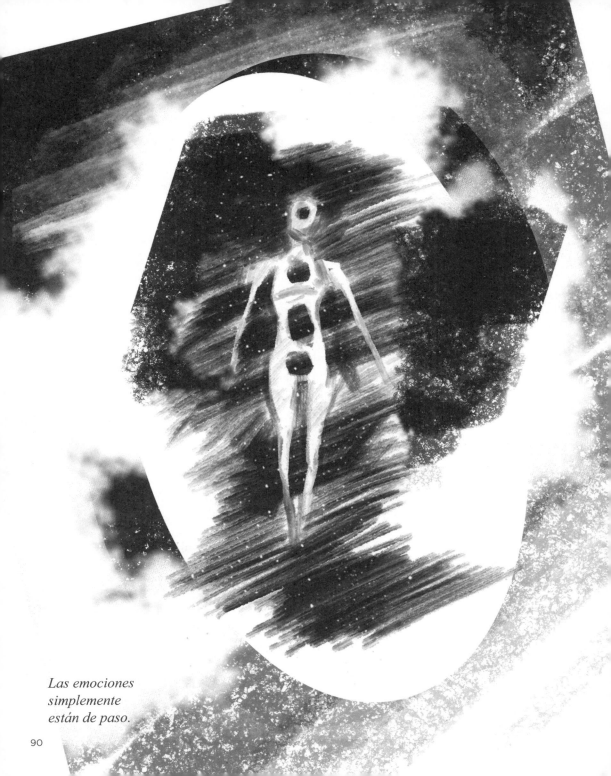

Las emociones
simplemente
están de paso.

Chakras

Todas las emociones que vivimos afectan nuestro cuerpo. Cuando el funcionamiento de los siete chakras es normal y están en armonía, cada uno de ellos estará abierto, girando en el sentido de las agujas del reloj para metabolizar las energías particulares que necesita nuestro campo de energía universal.

Pero cuando el chakra gira en sentido contrario, la corriente fluye del centro hacia fuera. Interfiere en el metabolismo haciendo que el chakra esté cerrado o bloqueado a las energías que llegan.

Equilibrar estos campos magnéticos y energéticos en nuestro cuerpo es algo que se puede hacer de forma sencilla. Hay meditaciones que te ayudan a activarlos, desbloquearlos y equilibrarlos, así como el Biomagnetismo, que son prácticas donde a través de imanes, te puedes ayudar a sentirte mejor. Les comparto las características de cada uno de los chakras de manera esencial, por si todavía no se relacionan con ellos.

El 1° chakra se llama el Chakra Raíz o Chakra Base, y se encuentra en la base de la columna vertebral. Gobierna la supervivencia, los instintos básicos, el impulso sexual y la vida física.

El 2º chakra se llama Chakra del ombligo o Chakra Sacro, y se encuentra debajo del ombligo. Gobierna el área del sacro que es el hueso grande de la pelvis entre los huesos de la cadera. Se asocia con tus emociones, sensualidad, intimidad, sexualidad y creatividad.

El 3er chakra es llamado el Chakra del Plexo Solar, y es llamado así por la compleja red de nervios en el estómago. También se le puede llamar el Chakra del Poder, ya que es el área que gobierna el poder personal.

El 4to chakra es llamado el Chakra del Corazón, y está localizado en el centro del pecho cerca del corazón. Se asocia con el amor, la compasión, el amor incondicional y la felicidad. Esta área es donde la intención se origina, y la energía conecta las emociones del amor divino, la compasión, la verdad y el perdón con el área donde el lenguaje se origina, animándolos a hablar desde el corazón.

El 5º chakra se llama el Chakra de la Garganta y se encuentra por encima de la clavícula. Gobierna el área de la garganta y los oídos. Se asocia con la comunicación.

El 6º chakra se localiza en la frente por encima de las cejas. Gobierna el área de la glándula pineal, y es llamado el Chakra del Tercer Ojo. Se ha creído desde la antigüedad que la glándula pineal es el lugar donde se localizaba la «segunda vista» o vista psíquica.

El 7º chakra está situado en la coronilla de la cabeza, justo encima de la parte superior de la cabeza. Se llama el Chakra de la Corona y está asociado con la glándula pituitaria, la espiritualidad, la inteligencia y el pensamiento profundo.

Triada de la consciencia

Ya que abrimos el tema con los chakras, me gustaría compartir la importancia que he experimentado con la activación de la glándula pineal, glándula pituitaria y la glándula rima, mejor conocido como la triada de la consciencia o circuito LID.

En el libro Los Arcanos de Thoth, mencionan que cuando el SER despierta, activa su glándula pineal, se le llama Reactivación Energética. Al estar la pineal despierta, se une a la glándula pituitaria y estas dos reactivarán una tercera, llamada glándula rima (tercer ojo) que se encuentra entre los dos ojos y tiene como función el Equilibrio.

Cuando la glándula rima entra en actividad, el ritmo, color, vibración, forma y voltaje de la energía, es automáticamente transmutado y reciclado. El SER se contacta con el universo y al hacerlo, comienza a construir alrededor de él, una membrana energética llamada "Campo Gravitacional", que lo protegerá de una posible absorción negativa.

Cuando el cerebro del SER despierto une las tres glándulas, cierra un circuito que no dejará entrar lo denso, solo permitirá la entrada a la energía sutil. Paralelamente, la glándula pineal emana y distribuye también esa membrana alrededor de la energía-materia, protegiendo al ser en todos los niveles energéticos, este proceso de protección se va formando lentamente al igual que su plano dimensional. Así como el gusano forma el capullo para luego salir como una maravillosa mariposa, así el SER se cubre y protege con el campo gravitacional elevado, para luego salir como un maravilloso SER energético (espíritu) y pasar a otros planos de existencia.

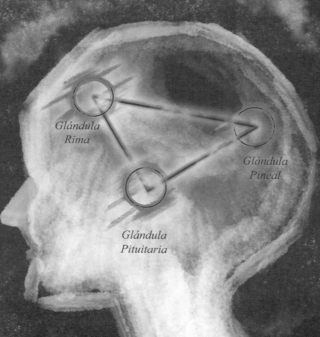

*Glándula
Rima*

*Glándula
Pineal*

*Glándula
Pituitaria*

LID significa: Liderazgo, actividad, lucha, combate, enfrentamiento, méritos, asuntos, ocupaciones. Este circuito despierta cuando las tres glándulas: pineal, pituitaria y rima (tercer ojo), comienzan a trabajar conjuntamente y en armonía. El circuito LID se encuentra distribuido en las nueve zonas del cerebro, trabaja en conjunto con las glándulas, que lo necesitan para saber dónde, cuándo y por qué los cristales-pensamientos deben ubicarse en tal o cual zona.

Estos cristales serán distribuidos por el circuito LID para que la energía material, psíquica y mental se alimenten correctamente, y también para que el lado derecho e izquierdo del cerebro se alineen equilibradamente.

Cada dimensión moldea la forma de sus cristales-pensamientos según el conocimiento, entendimiento y amor que los caracteriza. Para formar el triángulo, la Dimensión Primaria deberá unir su trilogía: Energía-materia. Energía-pensamiento. Energía-mental. Significa que las tres glándulas deberán trabajar conjuntamente: La glándula pituitaria. La glándula rima. La glándula pineal. Estas tres glándulas, trabajando unidas, traerán como resultado el despertar de este circuito. Se encargará de unir otros circuitos, formándolos en uno solo llamado alianza circular.

Al llegar a este punto, él SER formará su triángulo y éste le permitirá entrar al conocimiento universal. Crea su unión y su enlace. Con ello, la punta del triángulo se abrirá, emanando energías-pensamientos cristalizados en forma de triángulos. Ellos saldrán de la glándula pineal formando un cordón-umbilical mental que permitirá al SER comunicarse con otras realidades; eso se realizará por merecimiento y trabajo mental- espiritual. En pocas palabras, para pasar de plano en plano, primero se nace en el plano mental y luego materialmente.

Para que el SER-pensamiento pueda albergarse en un plano superior material que lo reciba y lo acoja, debe haberlo merecido gracias a su esfuerzo y dedicación. Solo así, el SER podrá trascender y elevarse a otras realidades de existencia. Una vez abierto el triángulo y formado el cuadrado, el SER estará preparado para encarnar en otros planos de vida. Deberá pasar por todos los planos existentes de la Dimensión Primaria, hasta llegar a perfeccionar el cuadrado. Cuando lo logre, podrá pasar a la siguiente dimensión. [8]

Ejercitar este tipo de glándulas nos permite activar ciertas partes de nuestra realidad y acceder a información que de una forma u otra desconocemos que existe, forman parte de nuestro cuerpo. El que estés leyendo y el que la comparta en este libro es para que conozcas más de ti, es para que creas o no creas en cierta información, ésta existe. Y que si te interesa, lo vas a aplicar e indagar aun más, y si no es de tu interés, pasarás esta información desapercibida y continuarás con lo que sí conectes según tus deseos.

Si estamos confrontando que hemos crecido con juicios y con diferentes maneras de ver la vida, es momento que apliques el dejar pasar por tu mente estos pensamientos de creencias. Lo que no es parte de ti en este momento, suéltalo y conecta con lo que sí lo sea. Me gusta mucho esta grafica de "pastel" donde viene reflejado lo que sé que sé, lo que sé que no sé, y lo que no sé que no sé.

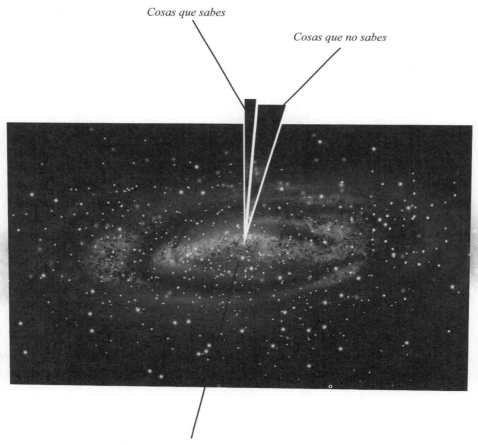

Cosas que sabes

Cosas que no sabes

Cosas que no sabes que no sabes

Las 7 leyes universales

Estas leyes universales permiten conocer cómo funciono con el universo. También conocidas como leyes espirituales o leyes de la naturaleza. Son los principios que gobiernan cada aspecto del universo y son los medios por los cuales nuestro mundo y el cosmos entero continúan existiendo, prosperando y expandiéndose.

Si buscamos la definición de la palabra ley, veremos que es una regla o norma, que es constante e invariable a la que está sujeta una cosa. Hagas lo que hagas no la puedes cambiar, el hecho de que las entiendas o no, no significa que no tengan un efecto constante en tu vida.

De la misma forma, en el plano físico, mental y espiritual, también existen leyes. Una vez aprendimos qué era la ley de la gravedad y cómo usarla a nuestro favor, empezamos a desafiarla y a divertirnos con ella. De igual manera si conoces las leyes que rigen el pensamiento puedes empezar a usarlas a tu favor para crear los resultados que deseas.

Al escuchar hablar de las leyes universales por primera vez, la creencia de la mayoría es que se basan en teoría o especulación. Como había mencionado, la física cuántica, acepta que el universo, incluido nosotros, esté hecho de energía. Esta nueva ciencia demuestra que los átomos no son sólidos, a nivel subatómico las partículas dentro del átomo, están constituidas por protones, neutrones y electrones, los cuales están en constante movimiento. Y si vas más allá en su nivel más puro, lo que hay, es energía.

Si todo está hecho de átomos, todo es energía, y la misma energía que crea tu cuerpo es igual a la energía de la que están hechas las paredes, los árboles o las rocas. La única diferencia es la frecuencia de vibración con la que se mueve cada uno, la velocidad con que giran las partículas a nivel subatómico.

Por ejemplo, si tenemos un vaso de agua, en estado líquido, las partículas van a una cierta frecuencia vibratoria. Cuando aplicamos calor, lo que hacemos es acelerar la velocidad de estas partículas, al ir más rápido el estado cambia de líquido a gaseoso. Si por el contrario lo colocamos en un congelador pasamos a desacelerar la vibración para llevarlo a un estado sólido. Un mismo elemento (H_2O), si cambiamos su vibración, puede pasar de algo sólido, a un estado que puede no ser percibido por el ojo humano, estado gaseoso.

Aquí es cuando recordamos que nuestro SER, ES. Y solo estamos manifestándonos de diferentes formas, la posibilidad de cambiar de manera consciente y conectar con otros estados, es por medio de los pensamientos.

Si leemos sobre la ley de la atracción, como en la película "El Secreto" que se volvió muy famosa, la gente piensa que se inventó hace poco, pero la ley de la atracción siempre ha existido desde el inicio de los tiempos.

La ley de la atracción garantiza que cualquier energía que se transmita en el universo se une (o se atrae) con energías que son de una frecuencia, resonancia o vibración igual.

Frecuencias iguales se atraen, y diferentes se repelen. Si unes dos gotas de agua, se vuelven una gota, y si unes una gota de agua con una de aceite se repelen, porque el aceite y el agua vibran a una frecuencia diferente. Nuestros pensamientos son la forma de energía más potente que se conoce hasta hoy, viajan más rápido que la velocidad de la luz y cada pensamiento tiene una frecuencia vibratoria que nosotros elegimos, con un pensamiento colocamos todo nuestro cuerpo en la misma vibración.

Estos pensamientos están constantemente creando nuestra realidad. Y es a través de las leyes universales que tus pensamientos pasan del plano intelectual o espiritual al plano material o físico. La energía siempre va de lo más alto a lo más bajo, como es el caso de la electricidad. Siempre transformamos la electricidad, del voltaje más alto al más bajo y no al revés. En el caso de nosotros, el pensamiento es la forma de energía más elevada con la que trabajamos y pasa al plano físico, que es el nivel más bajo, lo que pensamos en un nivel subconsciente, la parte del cerebro que funciona como una estación transmisora. Ahí, se manifiesta lo que atraemos a nosotros y lo que creamos en nuestro día.

El nombre que le des a estas leyes no importa. Lo importante es que entiendas que existen y que, si eliges alinear tus pensamientos de forma consciente e intencional, en esencia fluirás y empezarás a atraer a ti los resultados deseados.

Hay un gran número de personas en el mundo, que están tomando consciencia de estas leyes universales; sin embargo, sigue siendo la gran mayoría la que cree que la vida simplemente sucede por casualidad.

El Kybalión es un documento de 1908 que resume las enseñanzas del hermetismo, también conocidos como los siete principios del hermetismo. Su autoría se atribuye a un grupo anónimo de personas autodenominados Los Tres Iniciados y, por su estilo, se considera que el autor que así firmó fue William Walker Atkinson. Su contenido, base del movimiento del siglo XX llamado Nuevo Pensamiento, está vinculado con el hermetismo y se vincula a un alquimista místico y deidad de algunas logias ocultistas llamado Hermes Trismegisto, a su vez vinculado con la deidad egipcia Thoth y cuya existencia se estima en Egipto antes de la época de los faraones y, según una leyenda hermética, fue guía de Abraham. Los siete principios o axiomas, como están descritos en el Kybalión, son: [10]

Principio del Mentalismo

El Todo es mente; el universo es mental. El Todo es el conjunto totalizador. Nada hay fuera del Todo. Este principio expresa que el universo proviene de la mente del Todo, siendo el Todo el creador del universo. Cuando se habla del Todo, nos referimos a: todo lo que está a nuestro alrededor, cada cosa que podemos y no podemos ver, existe gracias a la imaginación del Todo, que es indefinible y puede ser considerado como una mente universal, infinita y viviente.

Esto quiere decir que somos reales dentro del universo, pero somos manifestaciones de su mente. También puede entenderse con que el universo que observamos no puede escapar de nuestra propia mente y que todo lo observable y lo vivido está en su mente.

Principio de la Correspondencia

Principio de la Correspondencia.
Como es arriba, es abajo; como es adentro, es afuera. Afirma que este principio se manifiesta en los tres Grandes Planos: el Físico, el Mental y el Espiritual. Este principio plantea la idea de que siempre hay una correspondencia entre las leyes de los fenómenos de los diferentes planos del SER y la vida.

Establece que hay armonía entre el plano físico, el plano mental y el plano espiritual, significa que todos los planos de existencia, están conectados y en correspondencia. El macrocosmos se encuentra en el microcosmos y viceversa: los sistemas solares, las sociedades y la vida en la Tierra reflejan lo mismo. Es decir, hagamos lo que hagamos en el nivel micro, lo haremos en el nivel macro. Incluso los hábitos más pequeños influyen en nuestro comportamiento. Al hacer cualquier cosa, también haremos todo. Si descuidamos un área de nuestra vida, lo más probable es que el resto de las áreas también se vean afectadas.

Principio de la Vibración

Nada está inmóvil; todo se mueve; todo vibra.
Este principio afirma que todo está en movimiento, que nada permanece inmóvil. Explica las diferencias entre las diversas manifestaciones de la materia, de la fuerza, de la mente y aún del mismo espíritu, las que no son sino el resultado de los varios estados vibratorios. Desde el Todo, que es puro espíritu, hasta la más pequeña forma de materia, todo está en vibración: entre más alta, más elevada es su posición en la escala. La vibración del espíritu es de una intensidad infinita; tanto, que prácticamente puede considerarse como si estuviera en reposo, de igual manera que una rueda que gira rápidamente parece que está sin movimiento. Y en el otro extremo de la escala hay formas de materia muy densa, cuya vibración es tan débil que parece también estar en reposo.

Principio de la Polaridad

Todo es doble, todo tiene dos polos; todo, su par de opuestos: los semejantes y los antagónicos son lo mismo; los opuestos son idénticos en naturaleza, pero diferentes en grado, los extremos se tocan, todas las verdades son medias verdades, todas las paradojas pueden reconciliarse.

Este principio incorpora la verdad de que todas las cosas manifiestas tienen «dos lados», «dos aspectos», «dos polos», «un par de opuestos», iguales en naturaleza pero con múltiples grados entre los dos extremos, distintos en polaridad, idéntico en naturaleza, ambos se atraen y se armonizan en el equilibrio del cosmos.

La polaridad mantiene el ritmo de la vida. Conocemos la existencia de algo por el contraste de su opuesto. Así encontramos: luz – oscuridad / amor – odio / espíritu – materia / vida – muerte / bien – mal / vigilia – sueño / valor – miedo / alegría – tristeza.
Los opuestos se presentan siempre en el mismo elemento. El principio de polaridad funciona a lo largo de una escala vibratoria de grados que van de lo positivo a lo negativo, siendo lo positivo de naturaleza superior a lo negativo.

Principio de Ritmo

Todo fluye y refluye; todo tiene sus períodos de avance y retroceso, todo asciende y desciende; todo se mueve como un péndulo; la medida de su movimiento hacia la derecha es la misma que la de su movimiento hacia la izquierda; el ritmo es la compensación.

Este principio va unido al principio de polaridad. Siempre que haya una acción habrá una reacción, un avance y un retroceso, una ascensión y un descenso. Y esta ley rige para todo; soles, mundos, animales, mente, energía, materia.

Se manifiesta en la creación como en la destrucción de los mundos, en el progreso como en la decadencia de las naciones, en la vida y, finalmente, en los estados mentales del hombre. Nos indica que no importa qué tan mal esté tu vida, puede mejorar. No siempre podemos ganar ni perder, porque debe existir un balance, pues no todo perdura, al contrario, todo cambia, todo vibra, todo fluye y refluye.

Principio de Causa y efecto

Toda causa tiene su efecto; todo efecto tiene su causa; todo sucede de acuerdo a la ley; la suerte o azar no es más que el nombre que se le da a la ley no reconocida; hay muchos planos de causalidad, pero nada escapa a la Ley.

Este principio afirma que todo efecto tiene su causa, y toda causa su efecto. Nada ocurre casualmente. La suerte es una palabra vana. Este principio encierra la verdad de que la casualidad es sólo un término que indica la existencia de una causa no reconocida o percibida; que el fenómeno es continuo, sin soluciones de continuidad.

La causa y el efecto residen meramente en los sucesos. Un suceso o acontecimiento es lo que viene, llega u ocurre como consecuencia o resultado de un acontecimiento o evento anterior. Ningún acontecimiento crea otro, es nada más que el eslabón precedente en la gran cadena coordinada de sucesos que fluyen de la energía creadora del TODO.

Principio de Género

El género existe por doquier; todo tiene su principio masculino y femenino; el género se manifiesta en todos los planos. En el plano físico es la sexualidad.

El principio de género es totalmente en su sentido hermético, y el sexo es la acepción terrenal aceptada del término, aunque no son lo mismo. El principio establece que no todos los seres son iguales, se distinguen en su género, y los géneros se buscan para continuar existiendo. Que se requiere de los diversos géneros para mantener la vida, y que los géneros se reflejan unos en otros y son iguales en correspondencia.

La palabra género deriva de la raíz latina que significa "concebir, procrear, generar, crear, producir". Un momento de consideración sobre el asunto demostrará que esa palabra tiene un significado mucho más amplio y general que el término sexo, pues éste se refiere a las distinciones físicas entre los seres machos y hembras.

Tenemos la capacidad de elegir los pensamientos que queremos cada día, conviértete en una persona consciente de lo que estás pensando y podrás dirigir estos pensamientos que quieras lograr.

Cuando te vuelves consciente de cómo alinear, armonizar tu forma de pensar y actuar conforme a las leyes universales, te darás cuentas que, crear una realidad desde tus deseos, puede ser mucho más fácil de lo que imaginas. Eres energía, estas leyes son energía. Aplícalas en tu SER. En todo lo que vivas y tendrás experiencias a favor de tus deseos.

Diagnóstico del AUTOSER

En esta sección explicaremos cómo aplicar la Metodología del diagnóstico del AUTOSER, teniendo como principio, que la salida es para adentro.

Vamos a hacer un repaso de las herramientas que hemos conocido. Sería maravilloso hacer un diagnóstico con cada una de ellas e irlas experimentando. Marca las que ya experimentaste. Ponle fecha a las que quieras experimentar. Nutre las que has vivido y no están aquí. Confronta lo que deseas.

Recomendaciones generales para iniciar el diagnóstico.

- Hazlo en consciencia, háblate con la verdad
- Sensibilízate
- Asume tu responsabilidad
- Sin culpas
- Sin juicios
- Nada es personal
- Utiliza la técnica del director de cine
- Si puedes, haz contacto con la naturaleza
- Viviendo en el presente, en el aquí y en ahora (pasado no existe, futuro no existe) lo que hoy sientes, piensas y vives
- Agradece todo el proceso de indagación
- Confía
- Hazlo en coherencia y congruencia
- Ríndete, todo muere y nace.
- Déjate llevar
- Permítete desaprender para aprender
- ExperimentaTE
- EnfrentaTE
- Practica la Neutralidad en tu proceso

NOTA:

En cada uno de los campos, puse una serie de indicadores de herramientas. Podemos extendernos, nutrir o eliminar conceptos como sea el deseo de cada quien. Aquí se comparten de acuerdo a diferentes experiencias que me han dado una apertura de consciencia. Esto es simplemente para poder abordar de manera práctica una mirada de lo somos y nuestras características.

Recuerda que el objetivo es que te conozcas y tengas más información de ti y las puedas ubicar en los diferentes campos del SER.

Hay especialistas que nos ayudan a llenar o a experimentar algunas de las herramientas de autoconocimiento. Así que sé paciente y hazlo a tu ritmo y respetando tu proceso. Esto es para ti. Es tuyo, háblate con la verdad.

Campo físico

Diagnóstico de las características del SER físico
- ❏ Edad
- ❏ Tipo de sangre
- ❏ Color de cabello
- ❏ Tez
- ❏ Complexión
- ❏ Temperatura
- ❏ Peso

Diagnóstico dental
- ❏ Informacion de tus dientes

Deporte
- ❏ ¿Qué deporte hago?
- ❏ ¿Con qué frecuencia?
- ❏ ¿Cómo me siento?
- ❏ Activo / pasivo

Nutrición
- ❏ ¿Qué comida me gusta?
- ❏ ¿Cómo me siento?
- ❏ ¿Qué me da energía?
- ❏ ¿Qué me baja la energía?
- ❏ ¿Qué me nutre?
- ❏ ¿Qué me hace daño?

Biodescodificación
- ❏ Descodificar las enfermedades, dolencias y accidentes

Diagnóstico médico
- ❏ Enfermedades
- ❏ Fracturas de huesos
- ❏ Cirugías
- ❏ Alergias
- ❏ Historia clínica
- ❏ Acupuntura
- ❏ Homeopatía
- ❏ Quiropráctico

Campo sentimental

Patrón de recurrencia emocional y sentimental
- ❏ Nombra las emociones que sientes de manera frecuente
- ❏ ¿Dónde las sientes?
- ❏ ¿Cuanto te duran?
- ❏ ¿Qué las provoca?
- ❏ ¿Cómo las digieres?
- ❏ Hacer alquimia sentimental
- ❏ ¿Que es lo que me estresa de manera recurrente?

Auto gestión emocional
- ❏ ¿Lo hago solo?, me cuesta trabajo, lo domino

Bio Neuro emoción
- ❏ Me he ido a la raíz de mis emociones, estrés manifestado, hilo de Ariadna, raíz familiar, sanar y liberar

Ley del espejo
- ❏ Identificar lo que los otros me hacen ver de mi que me molesta o me agrada.

Frecuencias vibratorias
- ❏ Patrón de recurrencia de mi frecuencia vibratoria
- ❏ Identificar mi sensación corpórea
- ❏ Identificar las situaciones que hacen que se eleve o se baje la frecuencia

Sensibilización de los sentidos
- ❏ ¿Cómo los puedo maximizar?

Sensibilidad de la vida cotidiana
- ❏ Ser consciente de con que personas, que actividades y ¿en que circunstancias mi cuerpo me habla en agrado o desagrado?

Expresión a través del arte
- ❏ ¿Cómo me expreso?
- ❏ ¿Cómo me siento?
- ❏ ¿Cada cuánto lo hago?

Chakras
- ❏ Conozco, sensibilizo, visualizo y alineo mis chakras

Conciencia del agradecimiento
- ❏ Agradecer todo lo que pasa

Sexualidad
- ❏ Cuestioname acerca de mis creencias, mis prácticas y autoconocimiento de mi sexualidad.

Sound healing
- ❏ Sesiones de frecuencias con música e instrumentos medicina

Campo mental

Conocimiento de Hammer
- ☐ Construcción de mi cerebro
- ☐ Derecho creatividad, izquierdo análisis

Estudios educativos
- ☐ ¿Que he estudiado?
- ☐ Cursos tomados

Libros leídos
- ☐ ¿De que me he nutrido mentalmente, con que información he construido mis creencias?

Construcción de creencias
- ☐ En este momento del diagnóstico, que creencias (de cualquier campo) me gustaría confrontar (religión, nutrición, ancestros etc)

Mapas mentales
- ☐ ¿Cómo construyo mis pensamientos para convertirlos en ideas?
- ☐ ¿Cómo los plasmo?
- ☐ Identificar mi proceso de construcción mental

Etimologias
- ☐ Raíz etimológica de las palabras
- ☐ Mi nombre, ¿qué? significa e identificar la carga
- ☐ Investigar la etimología de las palabras clave que considero esenciales para mi vida, valores, conceptos, palabras en general.

Test de talentos
- ☐ Conocer mis 5 talentos que me arroja algún test (grupo Gallup o la comarca de los talentos)

☐ Test de inteligencias múltiples

☐ Test de eneatipos

Creaciones, emprendimientos
- ☐ ¿Qué has creado?
- ☐ Proyectos, movimientos, empresas, libros, etcétera

Campo espiritual

Meditación
- ❏ ¿La practico?
- ❏ Frecuencia
- ❏ Estilo
- ❏ Cómo me siento

❏ Apneas
❏ Semiología de la vida cotidiana

Juego
- ❏ ¿Qué tanto experimento con el juego?
- ❏ ¿Qué tanto conecto con mi niño interior a través del juego?

Respiración
- ❏ ¿Soy consciente de mi respiración?
- ❏ ¿Cómo respiro?
- ❏ ¿Cómo me siento?
- ❏ ¿Con qué frecuencia lo hago consciente?

Religiones
- ❏ ¿Qué religión practico?
- ❏ ¿Quién me la sembró?
- ❏ ¿Qué tanto la sigo?
- ❏ ¿Qué religiones conozco?
- ❏ ¿Qué pienso?
- ❏ ¿Cómo me siento?

Culturas
- ❏ ¿Con que culturas me identifico?
- ❏ ¿Las conozco?
- ❏ ¿Porqué me llaman la atención?

Filosofías
- ❏ ¿Con qué filosofías o filósofos me identifico?
- ❏ ¿Las conozco?
- ❏ ¿Porque me llaman la atención?

Estado de Gracia
- ❏ ¿Soy consiente de mi estado de gracia?
- ❏ ¿Lo conozco ?
- ❏ ¿Me manifiesto en estado de gracia?

Campo sutil

Cartas astrales
- ❑ Conocer mi carta astral

Astrología
- ❑ Saber mi signo astrológico
- ❑ Horóscopos
- ❑ Conocer la relevancia de cada mes según la posición de los planetas y conjunciones

Astronomía
- ❑ ¿Dónde están los planetas, las estrellas, los universos, galaxias?
- ❑ ¿Cómo esta conformado el universo?

❑ Constelaciones familiares

Estudio del árbol genealógico
- ❑ Hacer mi árbol
- ❑ Acceder a la información de mis ancestros
- ❑ Orden sistemico de mi árbol
- ❑ Qué este desarrollándome en mi papel no en el de alguien más

Epigenética
- ❑ ADN

Hipnósis
- ❑ ¿Lo he experimentado?
- ❑ ¿Lo conozco?

Actos simbólicos
- ❑ ¿Los practico?

❑ Proyecto sentido

Heridas de la infancia
- ❑ Reconocer las heridas que tengo de mi infancia y ser consiste en sanarlas
- ❑ Relación con mamá y papá

Sueños
- ❑ Me acuerdo de mis sueños
- ❑ Los escribo
- ❑ Qué me enseñan
- ❑ Interpretar los sueños

❑ Re conexión - Bio magnetismo

Campo informativo

Resgistros akáshicos
- ❏ Terapia de registros
- ❏ Información que he tenido

Las 7 Leyes universales
- ❏ Aplicarlas en la vida práctica

Medicinas ancestrales
- ❏ ¿Las has practicado?, ¿cuales?
- ❏ ¿Qué siento?
- ❏ ¿Qué pienso?
- ❏ Experiencias

❏ Firma galáctica
Acceder a:
https://www.13lunas.net/fechafirmaGalacticaCompleta.html

Vidas pasadas
- ❏ ¿Tengo información?
- ❏ ¿Qué pienso?
- ❏ ¿Qué siento?

Misticismo
Lectura de tarot
- ❏ ¿Lo he hecho?
- ❏ Información

Lectura de manos
- ❏ ¿Lo he hecho?
- ❏ Información

Origen de mi existencia
- ❏ Nombre
- ❏ Fecha de nacimiento
- ❏ Lugar de nacimiento
- ❏ Nombre de mis padres
- ❏ Nombre de mis hermanos
- ❏ Estado civil
- ❏ Hijos
- ❏ Nietos

"Yo" es la salida que usa la consciencia infinita para traerte al mundo y el mundo a ti.

Con todas estas herramientas de autoconocimiento, dependiendo de ¿quién eres? ¿dónde estas? y tus deseos profundos, es como vas a manifestar a tu SER en congruencia y así estar en un estado de consciencia recordando toda la información integrando la mismidad.

Algo que me ha servido mucho y se los comparto, es que cuando te llega algún tipo de información, donde haces consciente lo que hay que cambiar, hacer o enfrentar, hazlo rápido, no lo dejes para después, pues así evitas que se repita la acción que te está haciendo aprender. De cualquier manera se va a seguir presentando en varias personas, escenarios o situaciones hasta que lo hagas, así que mejor hazlo de una vez.

CAPÍTULO 5

Donde está tu atención
está tu energía,
donde está tu energía
está tu manifestación
y donde está tu manifestación
está tu multiplicación

U na vez que ya sabes cómo conocerte desde una mirada distinta, con herramientas y claves, ahora sí vamos a ver desde dónde y qué deseas manifestar.

Pues donde esta tú energía está tu manifestación, tu deseo profundo, SER consciente.

"La mejor manera de predecir el futuro es creándolo"
Peter Drucker.

Recuerdo que de niña jugaba a identificar un tipo de coche que circulaba por la calle, y quien más coches veía de la misma marca, ganaba. De repente aparecían muchos autos iguales y eso era porque mi atención se concentraba en identificarlos, ahí estaba puesta mi energía.

Pasaba mucho tiempo y no te dabas cuenta.

Es uno de los ejemplos más claros de que cuando concentras tu energía y atención en una sola cosa, se multiplican las acciones que quieres manifestar.

Cuando tú estás en un proceso de autoconocimiento y te enfocas en cuestionarte acerca de tus creencias, haces ejercicios de respiración, te das cuenta de cómo es tu relación con los otros, le haces caso a tus emociones, eliminas creencias de tu vida y construyes nuevos paradigmas sin importar lo que opinen los otros, y sigues y sigues y sigues en que tu atención se centre en este proceso, tu manifestación se va a llenar de cambios.

Puede ser que empieces a sentirte solo o sola, que cambien tus relaciones de pareja o de amistades, que de pronto puedas alejarte de tu propia familia, cambias físicamente tu cuerpo, y puede que cambie hasta tu modo de alimentarte, que quieras replantearte el cambiar de trabajo y así seguiría con un montón de ejemplos donde se verán los cambios en donde estás poniendo tu atención.

Entras en procesos de incertidumbre y eso da miedo, y el miedo o paraliza o expande.

Es por eso que estos procesos de SER CONSCIENTE es para valientes, como lo habíamos dicho anteriormente, pues estamos acostumbrados a quedarnos en la zona de confort y no movernos; no hago cambios y me hago "la que no ve su realidad" con tal de no enfrentar el dolor o moverme, atravesando el umbral del miedo y dejando que mi SER se manifieste de acuerdo a lo que ES.

Hay muchos memes, bromas o burlas en las redes sociales dando a entender que estos procesos son muy dramáticos. No forzosamente tienen que ser así, pero si hay derrumbe de creencias y cambios trascendentales en tu vida, sí vas a tener dolor. Pero ese dolor sabiendo que es parte de una mejora en tu vida, y que vas a aprender para poder manifestarte desde una esencia pura, vale totalmente la pena.

Yo ya pasé por ahí, en varias ocasiones sabiendo que muere una parte de ti y sintiendo ese dolor, esa soledad o esa incertidumbre, pero también sabes que pasando eso, es una sanación y una plenitud muy grande. Y lo que me ha pasado, es que cada vez lo hago más rápido. En la vida (el universo, Dios, la fuente, como lo nombres) nos hace pasar por diferentes "pruebas" para ver cómo vamos, si realmente pasaste la lección o sigues allí mismo. Lo que cambia es la prioridad.

Hay veces que no estamos listos para dejar ir a la gente que no nos quiere acompañar en este camino, pero a veces son parte de las acciones cuando empiezas a conectar por una vida con alegría, interés y amor propio, compromiso y responsabilidad. Pero esto te hace ser especial, pues conectarás con personas con las que vas a sentir esta misma empatía y hablarán el mismo idioma conectando con la misma resonancia.

Desde la bioneuroemoción, vas a la raíz de esas sensaciones o emociones llamadas "estrés" y descubres que vienen desde tus padres, y son herramientas que vas eliminando y sanando a lo largo de tus procesos para que ya no repitas y así, tus manifestaciones serán conscientes y coherentes contigo.

La manifestación de tu ser, ya con todos estos cambios y procesos, se definirán de acuerdo a:¿quién eres?, ¿dónde estas? y ¿cuál es tú deseo más profundo?

Estarán en constante movimiento de acuerdo a lo que estés y vas viviendo.

Cuestionarte, se vuelve parte de tu vida.

Así también, se deben dejar los juicios tanto de tu proceso como el del otro, porque entonces te darás cuenta que todos estamos viviendo de manera consciente o inconsciente diferentes momentos de nuestra vida, en la que hay que respetar. Te conviertes en una persona consciente.

El deseo es la emoción básica que genera movimiento, y el miedo te genera el impulso para hacer las cosas. Así que, esa combinación de confrontar mi deseo profundo y vencer el miedo que me impulsa, ayuda a que me manifieste. Si este miedo no lo convierto en impulso, me paraliza. El miedo para que me impulse, hay que convertirlo en deseo. Eso es hacer alquimia emocional. Transformar las emociones que sentimos y utilizarlas a nuestro favor.

La emoción del deseo es la herramienta más poderosa que tenemos para la manifestación de estos deseos que están sujetos a la voluntad del SER.

Tienes una visión de "director" donde sabes que las personas con las que te topas, las experiencias que vives, las manifestaciones que tienes y las emociones que sientes, son parte de una producción que tú mismo estás creando, y que solo depende de ti. Solo es cuestión de salirte del personaje para poder verlo desde otra perspectiva.

Hay que comprender las funciones del consciente, inconsciente y subconsciente, para saber cómo crear y transformar nuestra realidad.

El subconsciente nos hace depender de nuestro entorno (respirar, comer, dormir, es físico). Nos hace mantenernos vivos. Cuestiones biológicas, familiares, del árbol genealógico, memorias biológicas.

El inconsciente nos hace quedarnos aferrados a las cosas que me dan seguridad. (Condicionado por la emoción, experiencias) Es el alma, la personalidad, lo que nos hace sobrevivir en el ambiente.

Y el consciente me permite elegir sin dependencia de algo específico, soltarlo y ser libre, desapegarme y avanzar, es mental, qué piensas. Toma decisiones, dirige el inconsciente y el subconsciente, está en coherencia con la esencia, va más allá del ego y la personalidad.

Por eso, hacer actos simbólicos, nos ayudan a "engañar" al inconsciente y subconsciente, pues ellos no diferencian qué es realidad y qué no, haciendo consciente diferentes acciones que hacen que ya no nos aferremos a cosas que seguimos condicionados.

Ikigai

Concepto japonés que no tiene una traducción literal, pero puede definirse como «la razón de vivir» o «la razón de ser», lo que hace, que la vida valga la pena ser vivida. Todo el mundo, de acuerdo con la cultura japonesa, tiene un ikigai. Encontrarlo requiere de una búsqueda interior, profunda y a menudo prolongada. Esta búsqueda se considera de mucha importancia, ya que se cree que el descubrimiento del propio ikigai trae sentido de la vida, y a su vez un motivo de satisfacción con la vida.

Ikigai se compone de dos palabras japonesas: iki, que se refiere a la vida, y kai, que por rendaku da lugar a gai y aproximadamente significa *«la realización de lo que uno espera y desea»*.

¿Qué realmente deseas?
Pero desde el propósito del SER.

Tener una buena vida, éxito o dinero, le queda corto al propósito del SER. Por eso hay que partir de la manifestación, no del tener, basados en un autoconocimiento consciente. Esto será, vivir conscientes de lo que soy. Vivir con alegría bondad y disfrute. Vivir en estado de gracia. Conociendo tus talentos. Sin tener presión de los demás.

Esto se trata de ti. Pues tú ya eres. Solo hay que recordar.

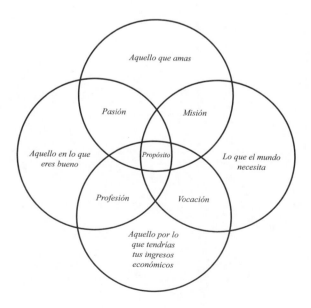

Congruencia

La palabra "congruencia" viene del latín congruentia y significa "correspondencia o relación lógica". Sus componentes léxicos son: el prefijo con- (completamente, globalmente), gruere (coincidir), -nt- (agente, el que hace la acción), más el sufijo -ia (cualidad). [11]

En mis palabras significa : decir, pensar y sentir de manera unificada. Que tenga esta relación lógica entre estas tres acciones.

Responsabilidad

La palabra responsabilidad procede del latín responsum, del verbo respondere, que a su vez se forma con el prefijo re-, que alude a la idea de repetición, de volver a atrás, y el verbo spondere, que significa "prometer", "obligarse" o "comprometerse". [12]

Para mí es hacerte cargo de tus decisiones y no echar la culpa a nadie más. Comprometerse contigo, solo contigo y después, contigo.

Platicando un día con una amiga me preguntó, "¿y si no quiero tener un propósito?", pues ese es tu propósito, dije, no tener propósito. Creo que venimos a este mundo en esta manifestación humana a experimentar nuestra divinidad. Y si tu manifestación está en no tener propósito, metas o misión de vida, es perfecto si lo decides hacer. Si quieres disfrutar, sufrir, sanar, experimentar, descansar o crear, todo ES. Sigues creando tu realidad desde esta mirada.

Yo tenía una intención de estudiar y de ser siempre mejor cada día… era salvar al mundo. Sí , sí , lo sé. Un pensamiento utópico. Pues así crecí. Sintiendo que iba a salvar al mundo por medio de la educación, de la escritura, o de compartir mis herramientas, etcétera.

Nacía la intención desde algo externo. Comencé a escribir un libro llamado "El Poder de Mi Esencia" y duré cerca de un año y medio haciendo una expresión literaria que me llenaba de alegría, pues pensaba en que iba a ayudar a muchas personas con los mensajes que estaba plasmando.

Lo terminé casi en su totalidad, todo estaba escrito a mano. Había tomado un curso de escritura autobiográfica y con el acompañamiento de mi maestra y mis compañeros habíamos manifestado a través de nuestras letras un ejercicio de mucha sanación.
Integré en mi libro lo del curso y lo que yo ya había escrito con anterioridad. Así que el libro fue una manifestación muy linda.

Un día, confrontando la intención de mi vida, me llegó un mensaje de una persona muy querida que canalizaba información y que no sabía de la existencia de mi libro, el mismo que yo había finalizado apenas unas semanas.

Me dijo: quema todos tus escritos, el ego espiritual de salvadora, deja de SER a lo que viniste al mundo. Viniste a salvarte a ti nada más. A experimentarte a ti, a conocerte a ti.

Yo estaba por irme a un viaje a Egipto, donde enfrenté miedos, rompí paradigmas, destruí creencias y me preparé para irme vacía, para llenarme y cargarme de información y energía.

Fue justo cuando me dieron este mensaje de liberar el ego espiritual y poder ser consciente de mi propósito de hacer las cosas.

Llegué a casa, preparé todo en el jardín, y quemé mis escritos. La experiencia fue liberadora, donde sí hubo algo de tristeza, pero también certeza del aprendizaje de no creerme la salvadora del mundo. Que si comparto algo, es porque lo vivo y lo tengo, y que el único propósito en lo que manifiesto es manifestarme desde lo que soy.

Con la intención de compartir. Liberando y expresando lo que soy. ManifestándoME sabiendo que al compartir sigo aprendiendo yo. Me sigo confrontando a mí. Y sigo en este proceso de AUTOSER constante. Sin expectativas, en congruencia y responsable de que esto, es lo que soy.

De hecho, el viaje que les comentaba de Egipto, en donde primero fui con la intención de salvar al mundo, iba a trabajar por el planeta, en donde me sentía que estaba siendo parte de algo muy grande y me volqué a prepararme para darme al planeta entero.

Pero con estos ejercicios de dejar de sentirme salvadora del mundo, terminé yendo a una experiencia desde el amor propio, una experiencia interna muy profunda y de ahí me compartí con la manifestación externa. Lo estaba haciendo al revés.

Fue esa energía que manifesté al salir a ese país desde algo interno. Lo que viví allá fue algo único, estuve en silencio, me disfruté mucho, me conocí desde un modo muy diferente. Me gustó la forma que me experimenté desde ESTAR sola, de enfrentarme a una serie de experiencias conmigo solamente. Y fue una manifestación que puse la intención, puse la energía.

Cuando me enteré del viaje, no tenía forma de ir. Sin dinero, era casi imposible que yo pudiera hacerlo. De hecho, un día le dije a mi hija "si voy a Egipto, por favor hay que aprender que no hay limites en esta vida, que podemos hacer lo que nos propongamos". Y aplicando esta energía de poner ahí mi atención, logré hacerlo y estaba en congruencia conmigo. Así que comprobé que es posible manifestar tus deseos. ¡Y vaya que me hizo transformar mi vida!, los aprendizajes internos que tuve, fueron muy grandes. Fui consciente del potencial que tengo como SER, así como el respeto de que todos estamos conectados, aunque estamos trabajando cada quien en diferentes estados.

Me tardé un poco en volver a tomar una pluma, a expresar de nuevo mediante palabras, fue una experiencia que tuve que vivir, pues ya no fluía como antes y no quería volver a pasar por ese estado.

Cuando la intención de escribir volvió, el título de este libro surgió de manera mágica. Y fue desde la intención de plasmar en un documento las herramientas que me han ayudado a integrar mi SER, a conocerme. Ponerlo todo en un solo lugar para vaciarme. Pues estoy convencida de que entrar en ti, es la forma de vivir para la humanidad. Es un acceso a la información de quienes quieren comenzar a vivir de formas distintas y que no saben cómo comenzar, qué hacer o a dónde ir.

No estoy inventando nada nuevo, no estoy bajando información de otros planetas, ni estoy haciendo un reto cósmico. Simplemente estoy compartiendo mi experiencia con lo que me ha servido y conteniéndola de forma que podamos acceder a ella y si a alguien le sirve, conecta y se identifica, que la utilice para el mismo fin o el que quiera, sería algo maravilloso.

De hecho este libro, es también para mí, como el pasado. Solo que éste, sí deseo verlo impreso. Y eso por un deseo que quiero manifestarme a través de estas palabras, verlo materializado físicamente y utilizarlo como herramienta de consciencia.

Cuando mi abuela materna, se cambió de casa el año pasado, estuvimos ayudándole a limpiar, tirar y regalar muchas de las pertenencias que tenía. Luego de más de 60 años viviendo ahí, imagínense la cantidad de objetos, fotos, ropa, papeles que tenía.

Me encontré con un libro de 1917 escrito por la hermana de mi bisabuelo, y al oler el libro, leer lo que ella pensaba, y estar en contacto con un libro físico de un ancestro, fue una experiencia hermosa. Conectar con su energía, su esencia, su SER a través de las letras me gustó mucho.

Con este libro me imagino que mis nietos o mis bisnietos puedan alguna vez hojearlo y descubrir la esencia de María Bezanilla Álvarez y conectar con mi energía que seguramente estará cerca de ellos de manera infinita.

Así estamos llenos de obras de arte, libros, redes sociales, coaches, letras de música, danzas, empresas conscientes , herramientas etcétera, pues las personas quieren compartir lo que les ha servido para que sus seres queridos, sus familiares o amigos lo hagan y sientan esa plenitud que ellos sienten.

Solo hay que recordar que la intención es simplemente compartirSE, pues a veces por tener las expectativas tan altas, nos podemos frustrar y eso, es nuestra responsabilidad. Creemos que los primeros que nos van a apoyar o que van a querer participar en nuestros proyectos son nuestra familia y nuestros amigos. Eso es expectativa. De hecho son los primeros que juzgan. Sin embargo, que esa no sea la intención de hacer las cosas.

Cuántas veces hemos visto que el papá le deja la empresa al hijo o pone un negocio con la esperanza que lo atiendan y vivan de eso, y los hijos no quieren hacerlo, no se quieren dedicar a eso. Y sucede, pues lo hacemos por los demás. Pensando en el futuro, poniendo las expectativas en el otro. Cuántos problemas nos podemos evitar si tomáramos las decisiones por nosotros y desde nuestro SER.

Que no te importe si después te juzgan o te señalan. Acuérdate que eso dice más de ellos que de ti. No esperes que te entiendan. Tú hazlo porque estás en mismidad, en consciencia y manifestando lo que eres, sin esperar cambiar o agradar al otro.

Y aquí viene bien hablar del EGO, definiéndolo como un entrenador de alto rendimiento que nos permite conocer otro punto de vista distinto al que se le ha dado en la sociedad. Ha estado relacionado a la soberbia, pero como estamos en la consciencia de que ya dejamos de juzgar bueno o malo, vamos a observar el papel del EGO en nuestras vidas de otra manera.

El EGO es una idea que tienes de ti mismo, es una identidad artificial de las etiquetas que tienes y que te han puesto. Eso que crees que eres, pues ya sabemos que no eres lo que tienes, ni lo que estudiaste, ni lo que es tu nombre. Es necesario identificarnos ante el sistema que pertenecemos, y creo que siempre hay que irlo transformando, cambiando, desetiquetando, aprendiendo y desaprendiendo. Destruir para construir.

De hecho el nombre que nos pusieron, tiene una carga importante, la nacionalidad, la raza, lo que estudiamos. Todo nos hace tener identidad en el sistema.

Por eso, el EGO, quiere vivir la experiencia, es lo que nos impulsa a vivir, así que, hay que identificarlo desde esta mirada. El EGO se sitúa en nuestras creencias limitantes: creencias que son ideas que tienes de algo que es cierto para ti. El EGO es necesario para vivir. Es un sistema de protección para vivir. Asocio mi valor hacia esos logros. Pero si me quitas todo ¿qué me queda?

Por eso la pregunta ¿quién eres? es para que saltemos de vivir desde el EGO, reconociéndolo divino, y vivir desde el SER. Sueltas el control, aceptas, eliges en amor, sin juicio.

El título de este capítulo se refiere a que hay que ser conscientes de dónde pongo mi atención, ¿en el presente? ¿en este instante? pues ahí es dónde está mi energía que voy a manifestar, y si le agregamos orden, disciplina y constancia, lo voy a multiplicar. Buscando siempre adentro lo que tanto buscas fuera. El amor, el éxito, el dinero, llegarán a ti, si te conviertes en eso desde dentro de ti. Ámate, reconoce, siéntete merecedor y entonces, solo entonces, llegará a ti esa manifestación que hoy por hoy las buscas en el lugar equivocado. La salida es para adentro.

Vivir en el presente, es una habilidad de quien sabe utilizar el poder que tiene. Posees todo lo que quieres, pues manifiestas todo lo que eres en este momento justo. Eres. Simplemente estás como esencia en el presente. Usas tu libre albedrío para gozar del momento en este instante y en total manifestación de tu divinidad. Poniendo lo que eres en tu esencia y solo siendo en voluntad.

Siendo consciente de tu realidad, puedes tomar acciones en respuesta de las circunstancias en el hoy. Y así impactar tu vida. Tenemos opciones en cómo vivir nuestra vida. Tú decides siempre.

El momento del aquí y el ahora, el presente, es la única locación y coordenada para que sucedan las cosas e impacten en el universo. Sí, el aquí y el ahora. No podemos impactar en el pasado, pero sí en el ahora trayendo la manifestación del futuro. Solo en el ahora.

Solo cuando estamos presentes de manera consciente en su totalidad para comprender que todo está ocurriendo en este instante sin inicio ni final. Vivimos acorde con las leyes de la naturaleza, incluyéndonos a nosotros mismos. Seamos conscientes cómo nuestras emociones e ideas transforman nuestra realidad.

Jamás perdamos la capacidad de asombro que tiene el presente. De observar la belleza en todo lo que nos rodea. En lo simple. Es un regalo. Presente.

La realidad es que cada segundo que estamos deseando y permanecemos en el futuro, desperdiciamos el momento presente. Hay que saber qué deseamos, y movernos a la acción de llevarlo a cabo.

Hay veces que nos tardamos tanto en saber qué deseamos, que nos quedamos en la contemplación de cómo seria aquello cuando llegue y mantenemos la esperanza de modificar nuestro estado emocional hasta que llegue aquello que deseamos.

"Ser feliz cuando sea flaca" si me hubiera quedado así hubiera permanecido infeliz siempre. Tomé acciones para bajar de peso en el día a día, haciendo que sucediera aquello por lo que yo deseaba. En el presente.

Si no pasa como queremos que pase, hay que fluir y mantener esa capacidad de asombro de saber a dónde nos lleva aquello que queremos.

En varias ocasiones de mi vida, me tocó experimentar el típico momento de postergar algunas de las cosas que quería hacer, por ejemplo decir "el lunes empiezo la dieta". O dejar de usar una vajilla que es "muy cara", porque estamos esperando una "ocasión especial". Hay que usar las cosas, disfrutar, hacerlas en el presente, en el hoy. Mañana no sabemos qué vaya a suceder. Disfruta hoy.

La vida está llena de momentos. La felicidad es solo un estado del SER, al que se llega viviendo esos momentos con intensidad. La felicidad deja de ser una meta, es un estado que se mantiene durante lo que estás viviendo. Sea éste el juicio que le den los demás. Es un estado que decido vivir. La humanidad está lista para vivir la vida de esta tierra llena de consciencia. La naturaleza sana de manera cíclica. Y lo hace de forma constante y jamás ha dejado de darnos todo aquello que necesitamos para vivir. Tenemos aire, Sol, tierra, agua. Y siempre lo hace pues es su esencia. ES.

Nosotros así también. En nuestra esencia viviendo el presente, simplemente ES.

Así es que, a través de estos ejercicios de autoconocimiento en los 6 campos, podemos decidir en dónde poner nuestra atención, saber que es por MI, sin esperar nada de nadie, más que de mi propia satisfacción o plenitud y es ahí lo que voy a manifestar y multiplicar.

Todo esta en ti

Albert Einstein dijo que todo en esta vida es vibración, y la ley de la naturaleza establece que todo tiene una vibración, esto es ciencia. Todo está formado por átomos, estos átomos están en estado de movimiento constante y dependiendo de la velocidad de estos átomos, las cosas aparecen como sólidas, liquidas o gaseosas. El sonido también es una vibración, así como los pensamientos. Todo lo que se manifiesta en tu vida, está ahí porque coincide con la vibración de tus pensamientos.

Podemos cambiar la realidad simplemente cambiando nuestras vibraciones con las del universo.

CAPÍTULO 6

Unidad, dualidad, trinidad, comunidad...

Ya estamos listos para poder manifestar la realidad desde adentro de nosotros, siendo conscientes que , todo lo que está fuera de mimí , es solo un reflejo de lo que tengo dentro de mí, y esta información es la que requiero para poder vivir desde mi esencia de SER.

Vivir una existencia física conectada a nuestras necesidades reales. Inspirados por ese deseo profundo, la inspiración es la energía creativa fundamental del universo para dar al mundo lo que soy.

Carl Jung menciona que nuestra experiencia es la proyección de nuestro estado de consciencia.

Ya estamos sensibles a que mi pareja, mis hijos, mi familia, mis amigos, mi trabajo, son solo un reflejo de lo que yo he creado para poder aprender acerca de mi propia experiencia de vida. Que no hay un propósito específico mas que manifestarme y experimentarme como creador de mi propia película.

Haciendo una conexión integrada de que todo lo que es afuera de mimí sucede dentro de mimí , y que la información la obtengo por medio de diferentes herramientas que hemos descubierto aquí dependiendo de lo que quiero lograr.

Crear mi realidad y manifestación de forma consciente

¿Te imaginas que a partir de este momento dejes de establecer juicios de lo que haces y te dejes llevar por la gentileza de tu propia esencia? ¿ser responsable de TODO lo que sucede en tu vida?

¿Estar abierto a vivir experiencias desde la certeza que siempre existirá incertidumbre?

Esa experiencia la puedes tener en este momento. El tiempo lo decides tú. Puedes establecer estos cambios en este instante. Si quieres que sea "un proceso" que dure cierto tiempo, también lo decides tú.

Tenemos la capacidad de justificar el tiempo de acuerdo a nuestro deseo de manifestación. Así que depende de ti cuándo inicias esta transformación. ¿Te gustaría hacerlo en este instante? ¡hazlo! Ya estás listo, ya tienes todo, solo recuerda ¿quién eres? Y manifiéstate.

Si cambias tu atención, cambias tu emoción y cambias tu creación.

Decía Albert Einstein "los problemas no se pueden solucionar en el mismo nivel de consciencia en el que fueron creados".

Esta información te da una serie de opciones para ser, hacer y tener de forma distinta. Es solo un espacio para inspirarte desde tu esencia que deseas manifestar. Si cambias la manera de ver las cosas, las cosas que ves cambian.

Uno de los aspectos que considero importantes para hacer que la manifestación sea posible, es que puedas compartir desde tu sabiduría. La sabiduría vista como la conjugación del conocimiento más la experiencia.

Esto, en congruencia con tu SER, es como la frase que dice "no puedes dar lo que no tienes", así que, al compartirlo desde esta mirada transforma lo que expresas fuera de ti.

Es un ejercicio que me ha llevado a profundizar en consciencia lo que soy. Hacer que las cosas sucedan desde mi congruencia. Y ha sido un proceso que he disfrutado mucho.

La concepción de la idea existe cuando tenemos la claridad del deseo que queremos manifestar. Darnos cuenta que existe un potencial ilimitado disponible para cada uno de nosotros, solo es cuestión de accionarlo en la realidad desde esta percepción de congruencia, manifestando la sabiduría.

Cuando nos hacemos la pregunta ¿por qué?, es una respuesta diseñada para los demás, pero cuando nos preguntamos ¿para qué?, es el sentido que tiene para ti esa respuesta.

Hay que cuestionarnos de forma apropiada dependiendo de qué es lo que vamos a responder. La manifestación hay que preguntárnosla desde el ¿para qué? ¿cómo quieres manifestar tu destino?

Destino significa voluntad de moverse. Así que, muévete, transfórmate según tus deseos y cambia tu destino. Si tienes la voluntad, que viene etimológicamente de querer o desear, [13] hazlo desde tu esencia en congruencia. Para ejercer la voluntad, en tu mirada a través de la sabiduría, el sentimiento y el esfuerzo. Teniendo voluntad de hacer las cosas, trazas el destino que te mueve y llévalo a la acción.

Recuerda, viniste a trascender y ser testigo de la belleza de esta compleja matriz universal dual.

Y tu verdadera naturaleza, está más allá de esta percepción dual, no hay separación. Busca crecer en el potencial desconocido de la experiencia humana. Estamos aprendiendo a ser humanos en dualidad, integrando nuestra divinidad en cada acto congruente para manifestar de forma creativa e innovadora nuestra manifestación eterna. Manifestar la creatividad dinámica.

Unidad, dualidad, trinidad, comunidad...

Para mí, el inicio de la manifestación es en unidad: siempre iniciamos con nosotros, dentro de nosotros y así podemos conectar con la dualidad consciente. Esto ya sería el compartirte con una pareja, con alguien que ves a sus ojos y te ves a ti. Ambos en acuerdos de lo que quieren vivir.

Una vez teniendo consciencia de la dualidad formamos la trinidad, experimentamos siempre primero en mí, luego en mi pareja y posteriormente ambos en este fruto qué nutriremos juntos.

Después, está la manifestación de la comunidad, ya en donde la experimentamos con todos los que vivimos y compartimos. Familia, amigos, compañeros, etcétera, viviendo cada uno diferentes procesos evolutivos de consciencia en el presente, aquí y ahora.

Hasta ahora estamos integrando la manifestación como este humano que representas hoy. Tú siendo el centro del universo. Solo conviértete en eso que piensas, en eso que haces, en eso que sientes.

Todo espejo externo es mío y yo también soy espejo de lo que ellos son. Es una construcción en comunidad que hace este juego de la vida más divertido y con mayor significado de porqué todo lo externo es algo interno.

Claro que esto es una utopía, yo me imagino que en unos años así será la humanidad, con estas formas conscientes de vivir, de sentir, de experimentarnos, de compartir, de evolucionar, de SER. En donde podamos ver al otro como me veo a mí. Lo que hacemos al revés, es que queremos llenar afuera, lo que no veo en mí, y lo estoy buscando en el otro. Amor, dinero, éxito. Lo queremos ver afuera. Aquí solo es cambiarlo al revés. Y haremos una sociedad distinta a lo que hoy estamos viviendo.

Mencioné arriba el término de compartencia, y lo quiero explicar pues es un concepto que se aborda desde la cosmogonía tradicional de los pueblos de la sierra norte del estado de Oaxaca, México, y de los indígenas Guambianos de Colombia. El pensamiento indígena, que busca siempre la armonía social con la naturaleza. El pensamiento originario considera que "uno no es uno sin el concurso del otro"; la persona es la expresión del mundo colectivo por la compartencia de la vida, y no por la competencia. Compartencia es "esencia de SER uno del otro, y de pertenecer a una colectividad infinita, que tiene que ver no con sistemas, sino con sociedades en permanente transformación".[14]

Un pensamiento que prevalece en varias personas es que la solución para la humanidad es la consciencia de uno mismo en relación con la naturaleza, y eso es conectar con la idea de que todos somos uno en esta realidad, y que si hago daño al otro sea persona animal o planta, me lo hago a mí mismo. Y si hago daño y no tengo consciencia es porque yo me estoy haciendo daño de alguna u otra forma porque lo que hago afuera es solo mi manifestación.

Yo creo que no hay misiones en la vida o un propósito definido. Lo vamos construyendo conforme a lo que vamos experimentando. Son papeles que nos representamos para llegar a la conciencia de nuestra experiencia como seres divinos.

Me gusta ser el creador de mi obra, siendo el observador (directora de la película). Jugar el juego de la vida desde afuera observando pues desde dentro la sufres, como personaje. Hay que vivirla desde el observador. Y experimentarla como lo que soy.

Yo soy la extensión de un SER. Viviendo en esta manifestación etiquetada como María Bezanilla Álvarez. Jamás separada, siempre en unicidad del SER, manifestada en consciencia.

Esta separación que nos han hecho creer a través de las religiones, ponen todo fuera de mí. Es una separación donde para llegar a eso tengo que "hacer" cosas que me dicen que son buenas, tengo que cumplir con algo que se me impone para llegar a eso que es deseado para mí. En este caso para llegar con Dios, tengo que "portarme bien" pues Dios está fuera de mí.

Comprendí, como dice una canción de Oscar Valdéz, llamada El Aprendiz, que el paraíso es esta tierra fértil y que el infierno es mi mente si la dejo. Aprendí a amarlo todo, comprendí que lo bueno y lo malo más que amigos son hermanos y andan juntos en este plano.

Cuando me volví consiente que Dios habita en mí y que jamás me he separado de Él, que lo escucho, veo y siento en cada brisa que me llega a mi cara, cada árbol que veo cómo se mueve a través del viento, que me recuerda que YO SOY pues vibro ante la creación de los animales y seres humanos que me rodean. Cada que camino en esta experiencia me doy cuenta de las sensaciones que siente mi cuerpo al meditar y conectarme con un estado que me hace viajar a otros mundos que nunca había visto en ningún lado.

Que puedo conectar con esta magia que sucede en mi vida todo el tiempo, dándome cuenta que jamás he estado sola, que soy una conexión con todo lo que esta sucediéndoME a mi alrededor.

Que soy esta experiencia unida a mi esencia que me hace SER. Que ha perdurado a pesar de que he cambiado mi manera de vivir y de pensar, mi manera de sentir, mi manera de amarme.

Que YO SOY en todas mis manifestaciones, que he podido acercarme a otra realidad de consciencia y que solo esto me da una pista que falta un recorrido muy grande de experimentación, pues es todo un macro cosmos lo que esta dentro de mí . Y que estoy en una aceptación de que lo que suceda es para confiar en que es parte de lo que estoy queriendo explorar, gracias a lo que me he permito transformar.

Que no existe el miedo, que solo es mi mente poniéndome a prueba para ver cómo he aprendido a soltar. Que cada quien es libre de vivir y de pensar, cada quien es libre de manifestarse y experimentarse. Que en esta dualidad humana hay luces y sombras, y todas, SON. Así nada más, y que yo conecto con lo que quiero experimentar en esta vida, pero sin miedo ni juicio. Que es sólo lo que yo decido. Pero quien decida lo contrario o algo diferente a mí también ES y hay que respetarlo.

En esta total libertad donde las sombras también son parte de esta manifestación y sabiendo que el mundo entero está viviendo un proceso, yo acepto y reconozco que estas sombras del hambre, pobreza, violencia, abuso y carencia existen.

Sin embargo también abrazo la decisión de que eso, deje de existir en mí , y si existe lo hago presente y lo transformo. Esto no es evadir la "realidad", es decidir ¿con qué quiero tener resonancia?. Yo transformo eso que veo dentro de mi entorno haciendo como la fábula del colibrí que está en el inicio del libro, haciendo mi parte en amor y servicio.
La abundancia es un flujo constante que está ahí, conectar con esa energía y manifestar mi congruencia en abundancia, está disponible para todos.

Cada SER tiene la visión de su vida, su mirada, sus pensamientos y su comprensión de la vida. Y es su verdad.

Es como la parábola India de los ciegos, cuando un grupo de personas invidentes están tocando a un elefante desde varios lados. Uno está cerca de una de las patas, otra persona está tocando la trompa del animal, el otro, tocando su cola. Cuando les preguntas ¿cómo es un elefante? el que estaba en la pata te dice que es como un tronco, el que estaba en la cola que es como una cuerda, el de la trompa que es como una espada, y otro más como una muralla. Cada uno percibe solo una parte del elefante, todos estarán en lo cierto. Pero el error está en aferrarse y aislar ciegamente tu punto de vista. Me queda claro que no puedes obligar a los demás a comprender un punto de vista que ellos no ven.

La parábola india de los ciegos y el elefante, es una de las mejores formas de ilustrar la incapacidad que tenemos para conocer la totalidad de la realidad. Cada uno percibe solo una parte del elefante y si les preguntamos ¿cómo es este?, dirán lo que su perspectiva les permite apreciar. Todos estarán en lo cierto porque el animal tiene esas características, pero el error reside en aferrarse aislada y ciegamente a su propio punto de vista.

Antes quería que mis hijos supieran todo lo que me estaba pasando, me puse a dar talleres y cursos con mucho entusiasmo pensando que todos querían vivir lo mismo que yo. Creyendo que, aparte de todo, iba a tener mucha abundancia, pues iba a dar talleres alrededor del mundo y que las personas conectarían con estas creencias. Y sí, la gente iba feliz a los talleres, aprendían y estaban conectando con información de su interés, pero mi expectativa era muy grande. Y mi frustración lo fue aún mayor.

Cambié mi ruta, dejé todo, renuncié a todas mis etiquetas y me dediqué a aprender una nueva área financiera donde salí de mi zona de confort y entré de nuevo a esa rutina. Disfrutaba lo que hacía pero dejé de sentir pasión. Me di cuenta de lo que era capaz de hacer, aparte en otro idioma, y con una serie de obstáculos que los iba sorteando de maneras sorprendentes.

Me di cuenta que, desde la intención, lo que estaba haciendo, realmente no era lo que quería hacer en realidad. Quería abundancia económica, claro, y al tenerla iba a poder fondear proyectos de consciencia y educación. En esa alineación, fui congruente conmigo y regresé a manifestarme desde el SER. A tener la seguridad de que sí estoy alineada a mi esencia y propósito desde mi deseo que quiero manifestar, y en mismidad.

El proceso y aprendizaje fue perfecto y muy profundo, conocí personas maravillosas en estos meses de experiencia, aprendí lo que soy capaz de hacer. Fueron muchas situaciones en las que pude hacer de esto un gran peldaño en mi evolución.

Claro que eso es lo que yo pienso y creo, acuérdense que están leyendo mi experiencia. Existen diferentes verdades. Creo que nuestra casa es nuestro cuerpo y ahí está todo nuestro universo, nuestra divinidad, dimensiones, campos, TODO. La consciencia es entendimiento y comprensión de lo que somos y experimentamos. Nuestra aportación al mundo es la sensibilidad. El arte de vivir (cada quien lo hace a su forma).

Campo Mórfico

El campo mórfico, es la consciencia de unidad que se genera en nuestro sistema. Está formado por toda la energía de consciencia que generamos como humanidad que se manifiesta de manera colectiva y ordenada.

Cuando de manera masiva generamos pensamientos, se producen manifestaciones y creaciones de forma colectiva. Es por eso, que de manera conjunta, estamos trabajando en la modificación de la información del campo mórfico, de manera constante, creando posibilidades para transformar nuestros sistema de creencias y así, avanzar a la evolución de la nueva humanidad.

Según Rupert Sheldrake, "morfo" viene de la palabra griega morphe, que significa forma. Los campos mórficos son campos de forma; campos, patrones o estructuras de orden. [15]

Estos campos organizan no solo los campos de organismos vivos sino también de cristales y moléculas. Cada tipo de molécula, cada proteína por ejemplo, tiene su propio campo mórfico -un campo de hemoglobina, un campo de insulina, etc.

De igual manera cada tipo de cristal, cada tipo de organismo, cada tipo de instinto o patrón de comportamiento tiene su campo mórfico. Estos campos son los que ordenan la naturaleza. Hay muchos tipos de campos porque hay muchos tipos de cosas y patrones en la naturaleza..."

Hay algunos autores que lo llaman consciencia de unidad, otros campo mórfico, otros inconsciente colectivo, no importa el nombre, simplemente hay que ser conscientes que existe y que todo lo que estamos generando nosotros, en nuestros pensamientos, creaciones y sentimientos, lo estamos enviando a este campo mórfico, donde el mundo gira a la manera en que creamos y manifestamos.

Podemos tener el ejemplo más reciente de los temblores que se han suscitado en los años 1985, 2017 y 2022 en México, los días 19 de Septiembre. Y en esa fecha exacta se hacen los macro simulacros, donde una gran cantidad de gente está pensando, sintiendo y atrayendo el tema de un temblor. Pueden ser "coincidencias"; sin embargo yo creo que tenemos el poder como colectivo de hacer cosas de forma consiente e inconsciente con solo unirnos en el mismo pensamiento.

Esta energía es que la estamos produciendo con nuestros campos del SER. Cómo estamos físicamente, cómo sentimos, lo que pensamos, lo que comentamos con energías sutiles y cósmicas. Todo eso se conecta a esta campo que a la vez que lo estamos nutriendo nos nutre de igual manera.

Nuestra energía también está ahí. Entonces lo que sucede en el mundo no es ajeno a mí, no estoy separado. Es parte de mi esencia, es parte de lo que yo estoy viviendo y sintiendo hoy.

Lo que hagas para equilibrar este campo mórfico, es adecuado. Si quieres por medio de una religión, filosofía, técnica, solo sonriendo al otro, cambiando tu forma de agradecer las cosas que vives, eliminar la queja de tu día a día, aceptando que estás aquí viviendo en esta forma humana siendo un ser divino, fluyendo y aprendiendo, estamos haciendo que la energía del planeta esté en armonía.

Hoy, estoy convencida que existe esa energía capaz de manifestar el paraíso que hay dentro de mí, y que es una perfección llena de geometría, orden, matemáticas, ciencia, energía e integración perfecta de las cosas. Que todo lo que hice como construcción en mi vida, fue guiada solo por mí, en mi SER superior. En esta consciencia. Y cuando lo experimenté y empecé a vivir, me quedé sorprendida que ahí ha estado siempre. Que sólo había que atreverme a experimentarlo en mí, y que eso, lo construimos todos, que no es sólo un trabajo que a mí me ha tocado hacer sola.

Entre todos, hemos construido esta energía de información. Por eso, es que ha permanecido a lo largo de los años en toda la historia, aquí sigue. No se ha ido. Solo se "aparece" para aquellos que la recuerdan y quieren verla.

Hay gran cantidad de conceptos, ideas, manifestaciones y verdades que podemos atraer. Y es la resonancia que hace que nosotros decidamos contactar con esa información.

Puede ser lo que queramos.

Tenemos literalmente el mundo a nuestros pies y darte cuenta de que eso, es posible es algo asombroso. Hay que creer que es posible eliminar juicios y sin miedo confiar en lo que tenemos capacidad de hacer, dentro de la total certeza que vivo en la incertidumbre, que sólo sé que no sé nada, y que estamos descubriendo esta creación multidimensional llena de dualidad y que vale la pena vivirla y contribuir para que todos podamos sentir plenitud.

Merecemos disfrutar, merecemos vibrar, acceder a los conocimientos, merecemos una vida llena de congruencia y amor. Quien conecte con lo contrario, es porque está experimentando eso que es necesario para poder conocer la polaridad de los estados. Y todos SON. Simplemente es un sueño profundo que se manifiesta para poder experimentar todo lo que hemos creado.

Manifestando nuestro Amor, elevando las frecuencias vibratorias, sin juicios, ni culpas, en plena responsabilidad de mi SER, con cuestionamientos constantes y viviendo la experiencia de mis emociones, teniendo esta autogestión en todos los campos según mis deseos y la creación de mi realidad. Respetando mis procesos y siendo gentil conmigo. Acrecentando el amor propio, con la plena consciencia que no puedo recibir de nada ni nadie externo algo que no recibo de mi mismo. Y esa relación con los demás, me hace siempre estar conectado a un auto conocimiento constante, para que mi manifestación externa sea coherente a lo que siento y creo por dentro.

Hay una definición de consciencia que me encantó, ciencia que acompaña al alma y corazón. Ser luz para que otro despierte, respetando sus procesos de vida, sin tener el propósito de despertar, simplemente estar sin expectativas. ManifestarTE y fluir.

Darwin expuso que la compasión, era el instinto más fuerte de la naturaleza humana. Significa simpatía. Si tenemos compasión dentro de nosotros, tenemos compasión por el otro. Vamos a trabajar en tribu, de ahí, viene la fuerza, y así generar la expansión de la consciencia nutriendo el campo mórfico y disfrutando la experiencia.

Como todo cambio es interno y luego se ve reflejado afuera, somos conciencia de unidad, cambio yo, cambia mi mundo, cambio al mundo. Soy esa ola que es parte del océano. Somos unidad. Jamás nos hemos separado. Unidos como se unen las raíces de los arboles abajo de la tierra. Deja de ser visible a nuestros ojos, pero ahí está.

Somos seres universales. Cuanto más alineada esté nuestra manera de pensar con la inteligencia universal, más podremos vivir en plenitud, abundancia y armonía.

¿Qué es universal?

Universal, viene de la palabra universo, etimológicamente es uno y todo lo que le rodea. Significa volver a uno, cuando las cosas vuelven hacia uno mismo, la consciencia universal se unifica. Conecto con mi habilidad que me permite discernir la realidad, para poder volver adentro de mi SER. Confrontarme.

Un SER que es todo, se expande y discierne, se confronta, es una consciencia, porque lo que estaba dentro antes, lo expresa y lo observa. No hace nada con eso. Solo lo observa. Entonces llega un momento en que la consciencia se da cuenta que estando fija en un solo lugar, no puede hacer nada, no puede entender quién es, pues solo observa. Por lo tanto, la consciencia necesita proyectarse para poder vivir y existir. Además de recibir la información y de nutrirme de ella, la experimento, la convierto en acción, la integro, la incorporo.

Unifico mi unidad en la experiencia donde el consciente se vuelve inconsciente. De hecho el inconsciente fue creado por el consciente. El consciente discierne y entiende el patrón inconsciente. Hay que vivir todos los puntos de vista y discernir nuevamente. Eso se le llama universo, el camino del uno hacia el uno. Cada individuo lo organiza de manera diferente y define qué conceptos van a ser conscientes.

¿De qué eres consciente, de que eres inconsciente.?
Todos tenemos diferentes cosas de las cuales somos conscientes e inconscientes, no hay una persona que sea consciente por completo.

La consciencia no es algo que hay que alcanzar, siempre hay aspectos nuevos
Eso que creíste se vuelve a dar mas aspectos alrededor. Es eterno, es fractal.

Lo que yo hoy considero mi realidad o mi verdad, seguro en otro SER es lo opuesto.

La conciencia universal, es saber que más allá de que yo sea consciente de mi experiencia, estoy abierto a que soy también todo lo que soy en la existencia.

Dejar de aferrarnos a un pensamiento, ideología, filosofía, religión, persona, dejar el apego y saber que esas formas en que veo las cosas, son simplemente formas donde hoy soy consciente, significa que todas las demás opciones también son opciones universales, todo lo que experimentan los otros y todos los directores de las películas que estamos manifestando al mismo tiempo.

Descubrir que la consciencia universal me seguirá llevando a experimentar a mi inconsciente para seguirlo haciendo consciente de manera infinita. Aceptar todo como algo útil que me lleve a mí mismo, sin apegarme a una verdad. Solo a una idea que seguirá transformándose.

Es una invitación que si lo deseas hacer, seguro lo vas a disfrutar. SÉ consciencia, SÉ esencia, SÉ experiencia, SÉ la sabiduría, SÉ tu cuerpo, SÉ la divinidad, SÉ la mente, SÉ el espíritu, SÉ el universo, SÉ el cosmos, convierte todo lo que deseas experimentar. Solo SÉ.

Somos un programa humano, es matemático y perfecto, somos tecnología avanzada manifestada en consciencia, conviértete en el creador del programa para que sepas cómo utilizarlo, cómo programarlo y cómo experimentarlo.

Convertir esta tierra, esta sociedad, este paraíso, en una experiencia donde tú programes e integres toda tu capacidad tecnológica y desde ahí vibres en una frecuencia donde conectarás con otras realidades.

Acuérdate que tú atraes lo que estás vibrando, si estás en una sintonía de amor, atraerás amor, si estás en una sintonía de dolor, atraerás experiencias de dolor. Si estás en una vibración de exploración, atraerás a personas y situaciones que te permitan explorar.

Depende solo de tu decisión, mientras más consiente sea y con la intención que tengas, será manifestada. Decidimos por resonancia.

Si estás en la estación de radio de música romántica, ¿qué vas a escuchar? música romántica.

Si estás en la estación de rancheras ¿qué vas a escuchar? música ranchera.

Así nosotros, dependiendo de la frecuencia donde estemos, eso es lo que vamos a conectar y encontrar.

Si tienes intención de ver un partido de fútbol y estás en un canal de recetas de cocina, jamás verás el partido que quieres ver. Tienes que cambiar el canal para ver lo que deseas. Aquí aplica lo mismo. Tú eres el único responsable en lo que estés conectando y viviendo en tu vida.

Esto deja de ser un tema espiritual o místico, son temas científicos, que estamos comprobando como humanidad y que son reales. Esto lo hacemos en comunidad, juntos, en redes de apoyo, de trabajo, en contención de esta energía. ¿Para qué? Para vivir experiencias diferentes como humanos, para permitirnos vibrar en otros estados, para simplemente SER en cualquier representación que quiero tener de mí.

Sí, sé que hay violencia, sé que existen abusos, sé que hay desequilibrios en la humanidad y en la sociedad, esta mirada significa saber que es parte del sistema, que es parte de estas polaridades de nuestro mundo dual. Yo elijo sincronizar con ciertos estados, sin negar que los otros existen, porque existen dentro de mí.

Lejos de ponerme una venda en los ojos y dejar de verlo, es SER profundamente consciente que eso está fuera.

El efecto placebo, aplicado en la medicina, es toda sustancia que carece de actividad farmacológica pero que puede tener un efecto terapéutico cuando el paciente que la ingiere cree que se trata de un medicamento realmente efectivo. Esta acción curativa o de mejoría resultante es lo que se denomina efecto placebo, es la prueba científica de que tenemos la habilidad de sanarnos a nosotros mismos. Creamos en la mente esta certeza de que estamos curándonos y la manifestamos. [16]

Aceptar, vivir mis experiencias, rendirme al flujo de la energía, dejar de luchar, dejar de meter la mente en todo lo que hago, me permite conectar con otros estados vibratorios de consciencia.

¿Qué pasa si no es así? ¿qué pasa si estoy creyendo en una verdad que no es cierta? ¿qué sucede si estoy sola y que nadie piensa igual que yo?

Nada, absolutamente nada. Pues lo único que es importante, es mi experimentación. Unida a mi esencia, unida a mi SER, unida a mi divinidad, manifestada hoy en lo que SOY y comparto. Sin otra intención más allá, que manifestarme en compartencia contigo. No hay nada afuera. Nada.

«Quien se siente unido al todo en sus múltiples manifestaciones, sabe que su cuerpo las contiene en tal forma que en su percepción del mundo no existe lo interno y lo externo como dos reinos independientes pero interconectados, ni tampoco el observador o lo observado como dos realidades separadas y dicotomizadas; más bien, una es la realidad y ésta no admite separaciones»

Jacobo Grinberg

"No vemos al mundo cómo es, lo vemos como somos".

Manuel Kant

Tú, ¿cómo ves al mundo? ¿lleno de caos, violencia, separación inconformidad? ¿o ves un mundo amoroso, ansioso de cambiar, encontrando respuestas, viviendo en plenitud y unificado?

Tú eres tu propio universo.

Acepta que esto ya ES. Yo soy. Ya sea en palabras o en silencio, ríndete y fluye a esta experiencia. Disfrutándola. SER UNO, no es todos somos uno. Yo soy uno conmigo. Yo soy en mí . Y lo externo me hace experimentarme a mí en lo que yo soy. Observa al otro desde el amor de verte en él.

Ríe, canta, disfruta, experimenta, arriésgate, siente, llora, abraza el dolor y trasciéndelo, sé fiel a tu SER, ámaTE incondicionalmente desde la sabiduría en libertad. Vivamos el presente en coherencia como el milagro que somos.

El pasado ya no existe, y vivir ahí solo produce tristeza o melancolía. Manifiesta en el futuro, el hoy. Solo obsérvalo, imagínalo y créalo.

Depende ¿quién eres?, dónde estas?, y cuál es tu deseo más profundo?

Es cuando te acercas en apertura a experimentar la vida y vivirla con una mirada diferente.

Comprender que somos este programa divino creado para conocernos y experimentarnos, aceptando que somos la fuente creadora. Atrévete a vivir una forma distinta de vivir este programa humano. A SER en manifestación del amor. Depende de ti.

Dice Matias de Estefano "yo soy mente, el mayor porcentaje de actividad mental no es cognitiva, es sensorial, y está en todo tu cuerpo, no en tu cabeza.

El libre albedrío radica sólo en la consciencia de que estoy condicionado por todo, a tal punto, en que yo mismo soy mi propia condición, pues al creerme atrapado creo la trampa y al creerme libre creo la búsqueda de la libertad constante. La clave de la mente es: NO CREAS EN NADA. Simplemente sé la mente. Imagina un sinfín de infinitas posibilidades, sin juicios, y tráete a SER tú mismo todo ello".

Los seres humanos somos la expresión de la mente, la idea de ser libre no es salirse de un lugar, es reconocer que yo SOY ese lugar. Somos capaces de conectar con esa red de datos que vamos almacenando en todos nuestros campos del SER, y esa red de datos definen mis acciones. Estamos condicionados en nuestra elección voluntaria por esa información.

Esto que expongo lo hago desde mi corazón, pues sé que hay muchas personas que conectan con esta información y les puede dar claridad en algunos estados que hayan vivido o que estén viviendo.

Y saber que no son los únicos que lo están pasando es algo que da paz y certeza de que no estamos solos. Si haces el trabajo interno, conectas con todo aquello que entre todos estamos manifestando juntos en la misma resonancia. Acallando el ruido externo y dejándote sentir como esta energía que eres, viviendo esta experiencia, y en silencio regresar a conectar con la esencia de tu SER.

No creas nada de todo lo que leíste, construye tu propia historia, busca tus herramientas, cree en lo que quieras vivir y manifiéstate en congruencia con tu propia filosofía de vida en MISMIDAD.

La salida es para adentro,
y desde el silencio eterno recuerda

¿Quién eres?

Bibliografía

[1] https://www.harpersbazaar.com/es/cultura/ocio/a14479099/por-que-el-amor-serendipia-es-el-que-mas-dura/

[2] https://reinamares.hypotheses.org/34853

[3]https://lamenteesmaravillosa.com/consciencia-y-conciencia-en-que-se-diferencia/

[4] https://www.culturagenial.com/es/mito-de-la-caverna-de-platon/

[5] Chia, M., & Chia, M. (1993). Amor curativo a través del tao: Cultivando La Energía sexual femenina. Villaviciosa de Odón: Mirach.

[6] https://www.psicoactiva.com/blog/que-son-las-constelaciones-familiares/

[7] https://www.saludestrategica.com/el-mapa-de-la-conciencia-de-david-hawkins/

[8] https://www.lavanguardia.com/magazine/20130118/54360908694/masaru-emoto-entrevista-magazine.html

[9] T, M. EL SER UNO I Los Arcanos de Thoth. Retrieved 1 September 2022,